자본시장에서의 ^{개정판}
행동재무론

자본시장에서의 행동재무론

개정판

정성훈 편저

이담 Books

이 책을 저서하게 된 동기는 투자자들의 잘못된 행태에 대한 근본적인 문제점의 인식과 검증을 통해 보다 근본적인 투자패턴의 해결책은 없을까 하는 의문점 때문이다. 금융 분야에 대해 이론을 공부하고 실제로 금융시장에 투자를 해 본 사람이라면, 누구나 이런 생각을 해 볼 것이다. "과연 그동안 배운 금융 분석 이론이 투자 수익을 올리는 데 얼마나 도움이 될 수 있을까?"라고 말이다. 하지만 금융 분석을 사용한 많은 기관 및 개인투자자들은 실제 금융투자에서 만족스럽지 못한 성과를 거두고 물러나게 된다. 그때마다 나오는 푸념은 "금융 분석과 실제는 다르다"라는 것이다.

어느 금융 분석가는 금융 분석에 대해 이런 말을 한다. "무조건 금융 분석이 투자에 100% 맞는 것은 아니다. 만약 30%만 이익에 적중하더라도, 70%의 손실부분에 대해서는 손절매 주문만 잘한다면, 큰 수익을 얻을 수 있다"고 말이다. 본 저자가 이 부분에 대해서 문제 제기를 한다면, 일단, 손절매 자체가 상당히 어렵고, 30%의 이익이 발생해도 이익의 크기에 대한 의사결정이 상당히 어렵다는 것이다. 이와 같은 의사결정이 어려운 여러 가지 이유 중, 그 하나는 행태재무론에서 그 근거를 찾을 수 있다.

Olsen(1998)은 행태재무론을 "인간의 투자행위 이해와 심리적 메커니즘을 재무적으로 판단하는데 중요한 요인"이라고 정의하였다. 즉, 기존 재무 이론에서 벗어난 비합리적 현상의 원인을 인간의 지속적이고 체계적인 인지행동 오류로 보고, 이러한 현상을 인간의 심리적 측면에서 연구하는 학문분야라고 정의할 수 있다. 이 책을 통해 독자들이 실제 금융시장을 이해하고, 인간 심리를 금융자산 투자에 접목하는 데에 도움이 될 수 있기를 기대한다.

책을 개정하는 과정에서 기존 초판 의도를 훼손하지 않기 위해 노력하였다. 그러나 어쩔 수 없이 불필요하다고 판단된 부분은 다소 수정하거나 삭제하였으며, 필요하다고 판단된 부분은 추가하였다. 또한, 재무 이론에 생소한 일반 독자들도 쉽게 읽을 수 있도록 노력하였다. 그럼에도 불구하고 이 분야의 학문적 어려움 때문에 이 책을 충분히 이해하기 어려운 부분이 있을 수 있음을 솔직히 고백하며, 앞으로도 독자들이 이해하기 쉽게 옮기도록 노력할 것을 약속드린다. 마지막으로 이 책을 발간하도록 물심양면으로 도와주신 한국학술정보(주) 관계자 분들께 감사드린다.

2010년 6월

정성훈

차 례 ···

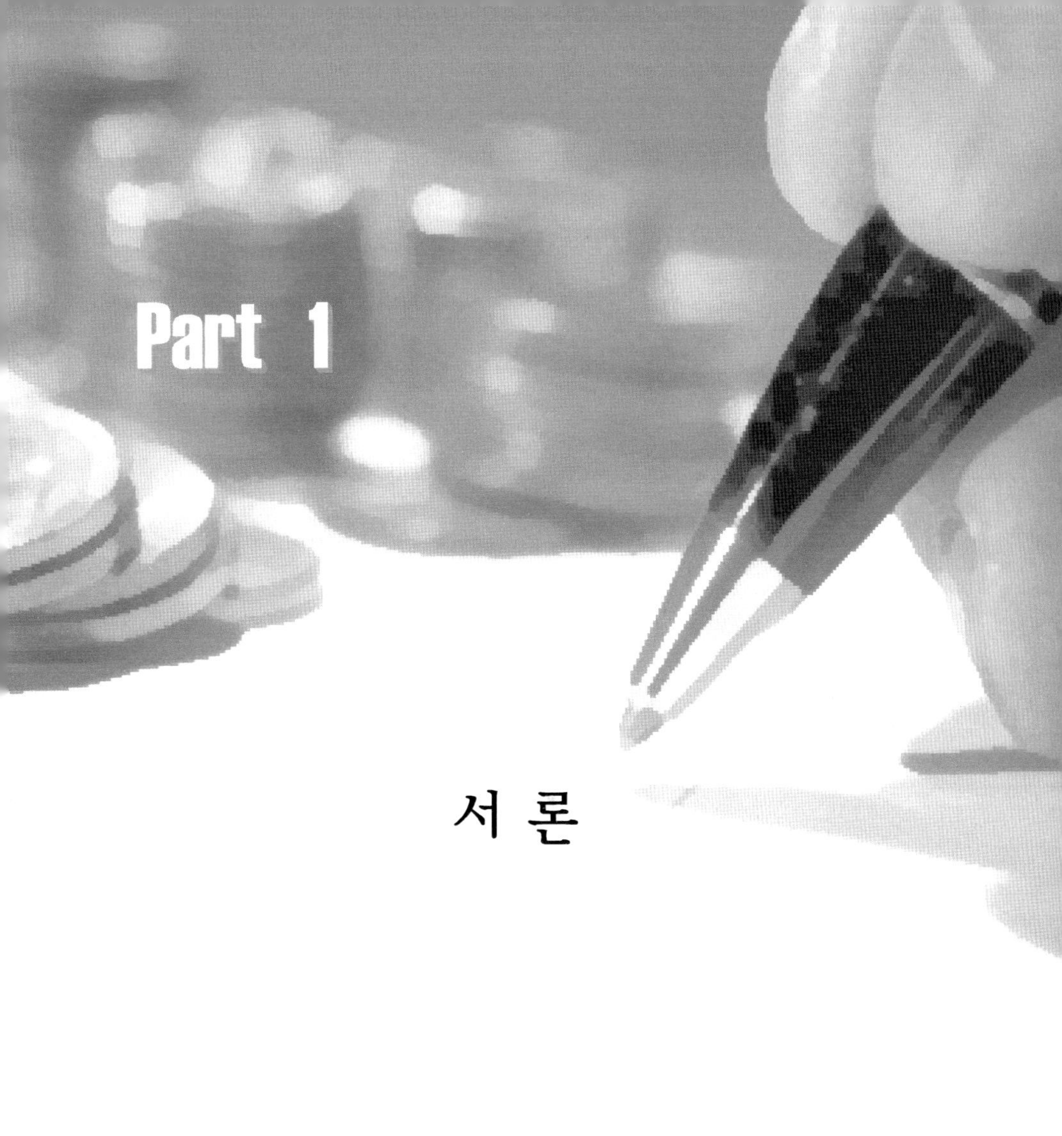

Part 1

서 론

1. 왜 심리가 투자에서 중요한가?

　본 저서를 출판하게 된 목적은 주식거래로 인한 개인투자자자들의 투자행위를 알아보고, 지각적 오류를 범하고 있는지를 밝히는 것이다. 1997년 이후 외국인투자자들에게 주식을 개방함으로써 외국인투자자들의 영향력이 점차 커짐에 따라 주가지수 수익률에도 크게 영향을 미쳐 왔다. 주식시장에서 대세 하락추세 시 대부분의 투자 주체들은 손실을 보는 것이 당연한 것이라 생각했다. 그러나 일반적으로 상승추세에서 기관투자자들과 외국인투자자자들이 우수한 수익률을 보임에도 불구하고, 상대적으로 중요한 투자 주체인 개인투자자자들의 손실이 증대되어 왔다는 사실은 학계(강종만, 1994;[1] Falkenstein, 1996[2]) 및 언론(파이낸셜뉴스, 2002.7.30.)에서 보고된 바 있다.

　그렇다면, 개인투자자자들이 주식시장에서 왜 실패하는가 혹은 왜 기관투자자들이나 외국인투자자들보다 낮은 수익률을 나타내는가 하는 의문이 제기된다. 즉 본 저서는 심리적 요인 관점에서 개인투자

---

[1] 강종만(1994), "외국인 투자가 증시에 미친 영향 분석", 한국증권업협회, 증권, 40~61

[2] Falkenstein, Eric G.(1996), "Preference for Stock Characteristics As Revealed by Mutual Fund Portfolio Holdings", *Journal of Finance*, 51, 111~135.

자들이 기관투자자, 외국인투자자들에 비해 실제로 어떤 투자행태와 동기를 보이는지에 대한 연구를 통해 개인투자자의 합리적인 선택행동을 유도하고, 그들에게 장세변화의 흐름을 파악하는 안목을 제시하고자 한다. 특히, 대세 상승추세임에도 불구하고 다수의 개인투자자들이 손실을 경험하고 있어, 보다 높은 수익률 달성을 위한 체계적인 접근이 요구된다. 따라서 본 저서는 개인투자자들의 주식거래 과정에서 다른(기관, 외국인) 투자자들에 비해 과도한 주식거래(excessive trading)와 처분효과(disposition effect)로 실제 주식투자 손실을 가져왔는지를 밝히고자 한다.

또한, 본 저서는 개인투자자들의 매매 이후 수익행태에 대한 분석 및 실증연구를 바탕으로 합리적 투자의사결정에 도움을 주며, 주식 투자행동에 대한 이론적 접근을 시도하고자 한다. 이러한 저서 목적이 도출된 배경은 다음과 같다.

1997년 IMF구제금융 이후, 한국주식시장에서 외국인투자자들의 주식보유 비중이 크게 증가하고 있는 데 반해('97년 7.48%, '03년 현재 약 40%), 개인투자자들의 주식보유비중은 점차 줄어들고 있지만('97년 거래소 30%, '99년 코스닥 52%에서 '01년 거래소 22%, 코스닥 46%), 주식 매매비중은 2001년 거래소 72%, 코스닥 96%로 오히려 다른 투자 주체인 기관투자자들이나, 외국인투자자들에 비해 더 많은 비중을 차지하고 있다(한국증권거래소 2001).

외국인투자자들의 투자비중 증가는 주식시장에서 외국인투자자들의 영향력 증가를 가져왔고, 상대적으로 정보 수집 및 분석 능력이 부족한 개인투자자들은 외국인투자자들의 매매를 따라 하는 모방거래(mimic trading)[3]를 유발시켰다. 또한, 사이버 투자 시스템의 발달에 따른 거래 수수료의 인하는 개인투자자들의 거래비용 부담을 감소시켜 단기매매(day trading)를 통한 주식 거래량의 증가를 가져왔다. 이러한 개인투자자들의 과도한 매매는 주가변동성을 증가시켰고, 이는 주식시장의 이상현상(anomalies)을 야기하기도 하였다.

2. 금융시장은 정상적인 시장인가?

효율적 시장가설에 의하면, 주가는 주식시장의 특별한 매매패턴에 상관없이 내재가치(intrinsic value)[4]에 의해서 결정된다고 한다. 시장참여자들이 투자의사결정 시에도 효율적 시장가설에 기반을 두고 있으며, 현대 재무학에서 아직까지 지배적인 이론은 투자자들의 합리적 가정을 기초로 한 시장이 효율적이라는 것이다(Ross 1976). 즉 인지행위적 오류(behavioral biases)가 효율적 시장에 단기적으로 추가적인 거래패턴[5]을 일으키고 있으나, 장기적으로는 효율적 시장가설이 지지된다고 주장하였다(Fama 1998). 그렇지만 주식시장에서 효율적 시장가설로는 설명되지 않는 이상현상이 자주 관찰되었고, 이러한 이상현상은 인간의 심리적 오류에 의해 증권시장에서 투자손실을 발생시키고, 효율적인 시장원리를 왜곡시키고 있다. 이러한 점에서 본 저

---

3) 합리적 투자자(Smart investor)를 따라하는 매매.

4) 내재가치란 특정정보에 대한 반응을 나타내는 주가의 가치로 주식시장의 과대 혹은 과소평가 되어 있는 종목을 찾기 위한 기준을 제공한다.

5) 추가적인 거래패턴의 예를 들면, 비효율적 현상 준 합 행태의 과민반응(overreaction) 현상을 들 수 있겠다. 과민반응 현상은 주식시장에서 주식투자 시, 추가적인 주가상승과 주가하락으로 거래를 발생시켜, 주식의 내재가치를 벗어나는 것을 말한다.

서는 이성적이라는 가정에서 위배되는 개인투자자들의 인지행위적 오류인 처분효과(Disposition Effect)와 과신감 이론(Overconfidence theory)에 대해서 연구하고자 한다. 처분효과란 이익주에 대해서는 너무 급히 매도하고, 손실주에 대해서는 천천히 매도하는 것을 말한다. 하지만 이러한 투자자들의 인지행위적 행동을 실증적으로 검증하는 것은 어려운 일이다.

이러한 관점에서 볼 때 한국증권시장에서 개인투자자들의 미시적인 주식투자행위에 대한 연구가 활발히 이루어지지 않았는데, 이는 행동재무론(Behavioral Finance)6) 연구가 부족한 탓으로 해석될 수 있겠다. 이러한 개인투자자의 투자행동에 관한 연구는 국내(백용호 · 차명준, 1994)7)에서는 드문 실정이고, 해외에서는 행동재무론에 초점을 둔 연구(Odean 1998;8) 1999;9) Barber and Odean 2000;10) Ross 1999;11) Shefrin and Stateman 1985)가 있었으며, 최근 들어 물리학 분야(Eguiluz, Zimmermann, 2000)12)에서도 투자자의 군집

---

6) Olsen(1998)은 인간의 투자행위 이해와 심리적 메커니즘을 재무적으로 판단하는 데 중요한 요인이라고 정의하였다. 본 연구자는 투자자들이 인지(cognitive)를 하고, 그에 따라 투자의사결정을 하는 행위를 행동재무론이라고 번역하였다. 또한, 인지심리학(cognitive psychology)에서의 비합리적 투자의사결정과 관련한 저서를 참고하였다(도경수, 곽부원, 신현정 2001).

7) 백용호, 차명준, "도박심리를 이용한 주식투자 행태분석", *한국증권학회지*, 제16집, (1994), pp.395~435.

8) Odean, Terrance, "Are Investors Reluctant to Realize Their Losses?" *Journal of Finance*, 3(5), (1998), pp.1775~1798.

9) Odean, Terrance, "Do Investors Trade Too Much?" *American Economic Review*, 89(5), (1999), pp.1279~1298.

10) Barber, Brad M. and Terrance Odean, "Trading is Hazardous to Your Wealth: The Common Stock Investment Performance of Individual Investors", *Journal of Finance*, LV(2), (2000), pp.773~806.

11) Ross, Stephan A., "Adding Risks: Samuelson's Fallacy of Large Numbers Revisited", *Journal of Financial and Quantitative Analysis*, 34(3), (1999), pp.323~339.

행동에 대한 연구가 있어 주목되기도 하였다.

본 저서는 개인투자자가 투자의사결정에서 체계적인 오류를 범하고 있는지, 이에 대한 실제 행동은 어떤 차이를 보이는지, 그 원인은 무엇인지를 규명하고, 실제 투자손익 비교를 통해 처분효과가 가지는 의미를 분석함으로써 학문적으로 큰 의의가 있다고 생각된다. 또한, 본 저서는 실현손익과 미실현손익의 비교를 통해 주식처분효과와 과신감 이론을 분석하고 이를 통해 개인투자자의 투자심리와 지각적 오류를 밝히고자 한다.

이러한 처분효과와 과신감 이론에 대한 개인투자자들의 거래빈도를 검증하기 위해 증권회사로부터 개인투자자들이 기록한 1,400개 계좌를 수집하였으며, 표본기간은 1999년 3월에서 2003년 2월까지 모두 48개월로 하였다.

관리자별 및 비관리자별[13] 사이버트레이딩 각각 700계좌를 구분하여 분석하였고, 연구목적을 달성하기 위하여 구체적으로 다음과 같은 연구주제에 따라 검증하였다.

첫째, 한국증권시장에서 실현이익(Realized Gains), 미실현이익(Paper gains), 실현손실(Realized Losses), 미실현손실(Paper Losses)의 관계를 종합적으로 살펴봄으로써 처분효과가 나타나는지 검증한다.

개인고객계좌를 통한 투자자들의 실현이익이 실현손실보다 많이

---

12) Eguiluz, Victor M. and Martin G. Zimmermann, "Transmission of Information and Herd Behavior: An Application to Financial Markets", *Physical Review Letters*, 85(26), (2000), pp.5659~5662.

13) 관리자별 계좌란 증권사 영업직원이 투자자들의 계좌를 직접 상담해 주는 계좌를 말하고, 비관리자별 계좌란 증권사 영업직원이 투자자들의 계좌에 관여하지 않는 계좌를 말한다. 일반적으로 사이버계좌보다 오프라인 계좌가 투자자들에게 직접적 영향이 더 크다고 볼 수 있어서, 본 저서에서는 투자자들의 관여도 영향력이 적은 사이버계좌로 데이터연구를 하였다.

실현되고 있는가? 또한, 이익과 손실의 특별한 인식시점을 가지고 있는가? 1월 효과 및 기간에 따라 처분효과가 다른 영향을 보이는가? 관리자와 비관리자별 계좌로 처분효과가 다른가? 처분효과가 나타난다면, 투자자들의 포트폴리오는 재구성을 위한 것인가? 아니면 또 다른 이유에서 나타나는가? 또한, 평균회귀의 목적으로 처분효과가 나타나는가? 최대잠재이익 대비 이익률과 최대잠재손실 대비 손실률은 어떠한 차이가 있는가?

둘째, 한국증권시장에서 과신감에 따른 과도한 거래가 투자성과에 어떤 영향을 미치는지 살펴본다.

투자자들의 주식투자가 합리적이든 비합리적이든, 현재의 손실이 미래에 양(＋)의 성과를 가지고 온다는 믿음하에 행해지는데, 실제로 그러한가? 투자기간(4개월, 1년)마다 투자자들이 매수한 주식의 평균수익률이 매도한 주식의 평균수익률을 차감한 것보다 높은가?

Behavioral finance (약칭: B.F)란?

기존의 정통 재무이론으로는 설명되지 않는 이상현상들의 나타나는 원인들중에 한 요인이 인간의 지속적이고, 체계적인 인지행위적 오류에 기인한다고 보고 이러한 현상을 인간의 심리적 측면에서 연구하는 학문분야

인간의 지속적이고 체계적인 인지행위적 오류로 나타나는 현상들은?

최근까지 연구된 현상들은 처분효과와 house money effect등이 있음.

인간의 지속적이고 체계적인 인지행위적 오류가 발생하는 원인은?

과도한 낙관, 과도한 자신감, 인지부조화, 확인오류, 유지오류, 근거찾기, 손실회피, 심적계산, 선호역전, 임의 부여등 많은 심리적 요인들에 의해 발생

본 논문은 인지행위적 오류를 나타내는 투자자들의 투자현상중에 하나인 처분효과와 심리적 발생 원인중 하나인 과신감이론을 연구

3. 연구의 구성 및 범위

지금까지 문제제기 및 목적에 대해서 살펴보았다. 본 절에서는 본 연구의 범위 및 구성을 제시한다.

본 저서는 세 개 연구주제를 중심으로 다음과 같이 구성되있다.

먼저, 투자심리란 무엇인가에 대해 살펴보고, 기존 학문적 연구가 어느 정도 이루어졌는지 살펴본다. 그다음에 처분효과 및 과도힌 자

신감이 실제적으로 금융시장에 존재하는지 실질데이터로 분석한다.

마지막으로 저서의 내용을 요약하고 추후에 투자심리 분야가 발전할 수 있는 대안에 대해 검토한다.

Part 2

Behavioral Finance란 무엇인가?

1. 시장은 효율적인가 비효율적인가?[14]

　지금까지의 재무학 분야는 효율적 시장가설(EMH)에 대한 한계를 보여 주고 있다. 물론, 시장이 비효율적이라고 말할 수는 없으나, 몇몇 연구에 따르면 일부 비효율적 현상들이 나타나고 있다. 효율적 시장가설은 모든 투자자들이 이성적이라고 가정하지 않으나 시장은 이성적이라고 가정한다. 또한, 시장이 미래에 대해 예측할 수 있다고 가정하지 않으나 시장이 미래에 대해 편의적 예측을 한다고 가정한다. 효율성시장이란 "가격에 이용가능한 정보가 언제나 충분하게 반영될 때의 시장"이라 정의한다. 그런데 시장의 정보가 '충분히 반영된 시장'인가의 문제는 실증적인 검증을 요하는 문제이다. 나아가, '충분히 반영된'이란 개념은 일반적이기 때문에 이를 검증하기 위해 현재 시점에서의 주가형성과정에 대한 보다 구체적인 설명이 요구된다. Fama는 효율적 시장을 다음과 같이 수리적으로 설명하였다.[15]

---

14) 정성훈, "처분효과 및 과신감이론에 관한 인지행위적재무론 연구", 서강대학교 경영학과 재무관리, 박사학위논문, 2004, 참조.

15) E. F. Fama, "Efficient Capital Markets: A Review of Theory and Empirical Work", *Journal of Finance*, Vol.25, 1970, pp.383~417.
　Fama는 정보 θ_t의 종류에 따라 증권시장의 효율성을 다음 세 가지로 분류하였다. 첫째, 약

θ_t = t 시점에 이용가능한 총체적인 정보의 집합, 이는 t 시점에서 주가의 결정에 영향을 미친다.

θ_t^M = t 시점에서의 주가를 결정하기 위하여 시장이 이용하고 있는 정보의 집합, 따라서 이 θ_t^M은 θ_t의 부분집합으로서 θ_t와 같거나 작게 될 것이다.

P_{jt} = t 시점에서의 주식 j에 대한 가격. j = 1, 2, ……, N이며, N은 시장에 있는 총 주식종목의 수이다.

$f_M(P_{1\ t+h}, ……, P_{N\ t+h} \mid \theta_t^M)$ = 정보 θ_t^M에 기초하여 시장이 t 시점에서 평가한 $t+h(h>0)$ 시점에서의 주가들에 대한 결합 확률분포(Joint Probability Density Function)이다.

$f_M(P_{1\ t+h}, ……, P_{N\ t+h} \mid \theta_t)$ = 정보 θ_t에 기초한 $t+h(h>0)$ 시점에서의 주가들에 대한 '진실한' 결합확률분포이다.

t 시점의 시장에서 개별주식의 가격형성과정은 다음과 같다고 가정한다. 즉 정보 θ_t^M에 근거하여 시장은 $t+1$ 시점에서의 주가들에 대한 결합확률분포 $f_M(P_{1\ t+h}, ……, P_{N\ t+h} \mid \theta_t^M)$를 먼저 추정하고 이 결합확률분포로부터 각 개별주식들에 대한 t 시점에서의 가격 $P_{1\ t}, ……, P_{N\ t}$를 결정한다는 것이다. 이때 t 시점에서의 적정

수준 가격은 시장균형모형(Market Equilibrium Model)에 의하여 결정되는데, 이 균형모형은 t 시점에서 각 개별주식에 대한 투자자들의 수요와 공급이 일치할 때에 성립된다는 것을 의미한다. 이와 같은 가격형성과정에서 시장이 효율적이라는 가정은 $\theta_t^M = \theta_t$로 표현된다. 즉 t 시점에서 평가한 증권가격을 결정하기 위하여 이용되고 있는 정보 θ_t^M은 t 시점에서 이용가능한 정보를 알고 정확하게 이용하고 있다는 것을 의미한다. 다시 말해, 효율적 시장하에서도 관련정보를 기초로 한 어떠한 거래도 Fama가 주장한 일관성 있는 초과수익률을 달성할 수 없게 된다.

한편, 효율적 시장가설의 랜덤 워크 모형(Random Walk Model)은 두 가지 의미를 내포하고 있다. 주가변동에 시계열 관계가 존재하지 않아야 하고, 주가변동의 분포가 독립적이고 일정해야 한다는 것이다. 1970년대 말까지 자본시장을 연구하는 학자들은 자본시장의 효율성에 대해 별다른 의심을 품지 않았다. 미국 증권시장에서, 강형 효율적 시장까지는 아니라 하더라도, 준강형 효율적 시장을 지지하는 증거는 충분한 것으로 생각하였다. 그러나 오늘날 많은 학자들은 자본시장에는 효율적 시장과 비효율적 시장이 혼재하고 있다고 생각한다. 왜냐하면, 그동안 이루어진 많은 실증적 연구들은 자본시장이 효율적이지 않다는 증거들을 충분히 제시해 주고 있기 때문이다.

오늘날 증권시장의 비효율성을 설명해 주는 여러 현상들을 이상현상(anomalies)이라 한다. 이 현상은 시장가격이 보여 주는 하나의 특징이 아니라, 자본시장의 비효율성을 보여 주는 여러 가지 주가변동 패턴을 종징하고 있다. 예를 들변, 1월 효과(January effect), 평균 회귀(mean reversion), 과잉반응(overreaction), P/E효과(P/E effect), 규모효과(size effect) 등을 이상현상의 예로 들 수 있다. 이러한 이상현상들은 투자대상의 특성이나 투자시기에 따라 적절하게 투자대상을 선택하면 비정상적인 투자성과가 계속적으로 나타난다는 것이다.

이러한 현상들이 나타나는 이유는 우선 비정상수익률을 측정하기 위하여 사용한 검증모형이 타당하지 않을 수도 있다는 데서 찾을 수 있다. 시장의 효율성을 검증하는 많은 연구에서 CAPM이나 APM 등 가격결정모형을 이용하여 정상수익률을 계산하고 이를 실제 수익률과 비교하여 비정상수익률을 측정한다. 이 정상수익률의 계산을 위해 사용하는 모형에서 수익률을 설명하는 중요 요인이 빠져 있을 가능성이 있다는 것이다. 이러한 미확인된 요인이 존재한다면 시장이 실제로 효율적이라고 해도 검증결과는 증권시장이 비효율적인 것으로 나타나게 된다. 또 다른 이유는 시장이 정말로 비효율적이어서 이상현상이 나타날 수 있다는 것이다. 새로운 정보에 대한 투자자들의 신속한 반응을 어렵게 하는 제도적 장애요소나 투자자들의 비합리성은 증권의 시장가격이 비효율적일 수 있게 만드는 주요한 원인이 될 수 있다.

인간의 의사결정행동에 있어서 합리성(rationality)이라는 개념은 전통적인 경제이론의 기본적인 가정이었으며, 최근에 이르러 이 개념은 시장 메커니즘의 거시적 측면에도 적용되어 합리적 기대가설(rational expectation hypothesis)을 등장시켰다. 그러나 최근 이러한 인간행동의 합리성 가정에 대한 부정적인 연구결과가 인지심리학 분야에서 제기되고 있다. 물론, 심리적 편의(psychological biases)를 모든 잘못된 시장가치의 원인으로 볼 수는 없지만, 심리적 편의현상은 최근 금융시장에서 쉽게 찾아볼 수 있다.

또한, 실증적 연구에서는 인간행동의 합리성에 대한 반증을 제시하여, 그 타당성에 이의를 제기하고 있다. 즉 합리적 가설을 기초로 한 가정들은 새로운 정보에 반응하는 개인의 투자행태를 나타내기에는 적절하지 않다는 것이다. 확신이나 예측을 수행하려는 경우, 새로운 정보에 근거하여 믿음이나 예측을 수정하는 경우에 인간은 의사결정시점에 가까운 정보에 대해 과다한 비중을 두게 되고, 그 이후의 예측정보에 대해서는 가중치를 덜 주는 경향을 일관되게 보인다는 주장이다. 이는 인간의 행동이 합리적 기대이론을 따르지 않으므로 인간의 선택행동이 비합리적으로 나타나는 정보에 대해 인지적 오류를 가지며 주가가 인지오류에 의한 과잉·과소반응을 한다는 것이다.

이러한 인간행동의 비합리성을 가정한 과잉·과소반응 현상을 실제 주식시장에 적용하여 주가의 움직임을 설명하려는 시도가 이루어지고 있다. 특정시점에서 어떤 정보가 진정한 가치보다 과대하게 평가되어 주가에 반영되고 그에 따라 초과이익이 발생하였다면, 다음 시점에서는 그에 대한 반작용으로 주가 조정이 이루어져 반대의 과소수익현상이 나타난다. 따라서 인지심리학에서 제기된 정보에 대한 과잉반응을 보였다면 이후에 이러한 과잉반응을 보인 주식은 반전현상으로 인한 주가의 예측이 가능할 것이다.

이것은 자본시장의 비효율성을 증명하는 증거가 되며, 더 나아가 이러한 비효율성이 체계적으로 나타난다면 이를 실제 주식시장의 투자전략으로 이용하여 초과수익을 달성할 수 있는 이론적 근거가 된다.16) 비효율성시장의 예를 들면, 주식시장에서 주식이 저평가되어 있다고 판단되면, 주식투자자들은 저평가된 주식을 매수할 것이다. 시장이 만일 강형이라면 이러한 행위는 형성되지 않을 것이다. 또한, 주식시장이 침체되면 기업은 주식보다는 부채로 필요한 자금을 조달할 것이다. 이때 시장이 침체되어 있다는 것이 단지, 해당 주식의 가격이 공개된 정보에 기반을 둔 내재가치보다 낮다는 것을 의미한다면 시장이 준강형으로 효율적인 경우에는 그러한 논리는 성립되지 않는다. 어쩌면, 기업경영에 관한 수많은 의사결정은 묵시적으로 시장이 비효율성이라는 가정하에 내려지는지도 모른다. 이런 현상들이 과거보다는 최근에 더욱 빈번하게 발생하므로 향후, 재무학으로서 연구가치가 높아질 것이라 생각한다.

2. 금융시장과 심리[17]

증권시장에서의 투자는 일종의 사회적 활동이다. 투자자들은 여유시간의 많은 부분을 투자에 관하여 읽고 토론하는 데 소비한다. 따라서 투자자들의 행태 및 자산가격은 사회의 움직임으로부터 영향받는다. 그리고 사회적 태도 또는 유행(fashion)은 뚜렷한 이유 없이 움직이기도 한다. 증권투자에 관한 태도 또는 유행도 무의식적으로 달라지거나 또는 어떤 사건에 대한 자의적인 사회반응에 의해 달라지기도 한다.

---

16) 장경천, "한국주식시장의 주가과잉반응에 관한 연구", 재무관리연구, 제10권, 제2호, 1993.
17) Robert Shiller, [Market Volatility](MIT Press, 1989) Ch1. "Stock Prices and Social Dynamics" 중 발췌.

오늘날 증권시장의 심리에 대한 연구는 경제학에서 기대효용 혁명이 일어나던 1950년대 이후 거의 사라졌다. 그 결과 효율적 시장가설을 다룬 수많은 문헌 속에서 증권시장의 사회심리에 관한 논의는 거의 없었다. 증권시장에 관한 대부분의 연구들은 투자자들이 합리적이기 때문에, 비이성적인 요소의 지배를 받는 사회심리 또는 유행이 증권시장을 지배할 수 없다고 전제하였다. 그러나 일상생활에 유행이 있는 것처럼 증권투자에도 유행이 있다. 사회적 동태가 다른 분야에 영향을 미치는 것처럼 증권투자에도 영향을 미치도록 하는 어떤 이유가 존재하지 않을까? 이에 대한 답으로서 '투자자의 특성', '주가의 애매성', '암시감응성 및 집단압력', '의견 확산과정'을 들 수 있다.

(1) 투자자의 특성

효율적 자본시장을 주장하는 근거로서 흔히 ① 기관투자자가 대부분의 주식을 보유하고 있고, ② 대부분의 부유한 투자자들은 투자관리의 권한을 위임하고 있으며, ③ 영리한 투자자들이 시장을 지배하고 있다는 점을 들고 있다.

즉 증권시장이 고도로 전문화되어 있으므로 효율적으로 움직일 수 있다는 것이다. 기관투자자의 중요성이 증가하고 있다는 것은 사실이다.

부유한 개인 투자자들이 자신의 투자관리 권한을 남에게 위임하고 있다는 주장은 그리 설득력을 갖지 못한다.

특히, 보다 주목할 필요가 있는 점은 영리한 투자자들이 시장을 지배한다는 주장이다. 지극히 예외적인 소수가 커다란 부를 축적할 수는 있지만 그들이 증권시장을 지배할 가능성은 별로 없다.

(2) 주가의 애매성

주가는 사회동태에 비교적 민감할 수밖에 없다. 왜냐하면, 주가를 설득력 있게 설명할 만한 이론을 갖고 있지 못하고, 따라서 투자성과를 분명하게 예측할 수 없기 때문이다. 보통 투자자들은 나이트(F. Knight: 1964)가 말하는 '위험(risk)' – 미래의 결과를 확률분포로 나타낼 수 있는 부분적 무지를 의미 – 을 부담하는 것이 아니라 '불확실성(Uncertainity)' – 미래의 결과에 대하여 아무런 지식도 갖지 않은 상태, 즉 완전한 무지를 의미 – 에 직면해 있다. 투자 상담전문가에 의존한다고 해서 상황이 크게 달라지는 것이 아니다.

(3) 암시감응성 및 집단압력

투자자들은 투기자산 가격에 관하여 객관적인 증거를 갖고 있지 못하기 때문에, 자신의 의견을 만들어 가는 과정은 특히 '사회적'일 수밖에 없다.

이때 특히 중요한 사회심리는 개인의 암시감응성(suggestibility)과 집단압력(group pressure)이다. 이는 사회적 압력 때문에 발생하는 의사결정의 오류를 보여 주는 원인이다.

예를 들면, 다수가 그릇된 답을 갖고 있고 소수만이 올바른 답을 알고 있는 경우, 올바른 답을 갖고 있는 소수는 침묵을 택하기 때문에, 올바른 답의 사회적 확산이 지체되거나 저지된다.

(4) 의견확산과정

의견확산과정에서 중요한 것은 사회적 학습(social learning)이다. 사회적 학습이란 동료집단 내에서 정보교환이 이루어져 신념 또는 태도가 상호 강화되는 과정을 의미하는 것으로서, 동일한 자극에 대하여 매우 많은 사람들이 동일한 반응을 보이게 되기 위한 중요한 조건이다.

(5) 효율적 시장가설의 이해[18]

1) 효율적 시장가설(Efficiency Market Hypothesis)

효율적 시장은 금융자산의 시장가격이 이용가능한 모든 정보를 충분히 반영하여 결정되는 시장이다. 그런데 정보효율성의 자본시장이 비효율적이라면, 일부 투자자의 비정상성과와 자본의 효율적 배분이 지체된다는 것을 말한다. 가격이 정부를 '충분히 반영한다'는 의미는 즉시적으로는 학습시차가 없다는 것을 의미하는 것이고, 비용이 없

---

18) 최운열 · 박영석, "투자론", 박영사, 2005. 참조

이 공평하게 그리고 정확하게 반영해야 한다는 것을 의미한다.

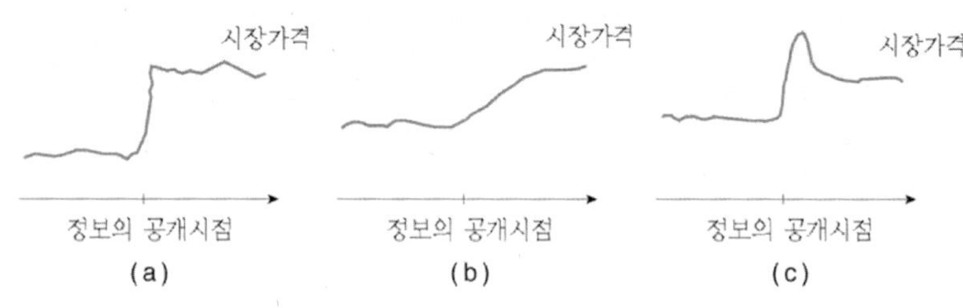

[그림 2-1] 시장가격과 정보의 공개시점

약형 EMH는 과거 정보를 활용하여 초과이득을 얻을 수 없는 시장을 말하며, 준강형 EMH는 공시된 정보(public information)를 활용하여 초과이득을 얻을 수 없는 시장을, 강형 EMH는 내부자 정보를 포함하여 모든 이용가능한 정보를 활용하여도 초과이득을 얻을 수 없는 시장을 말한다.

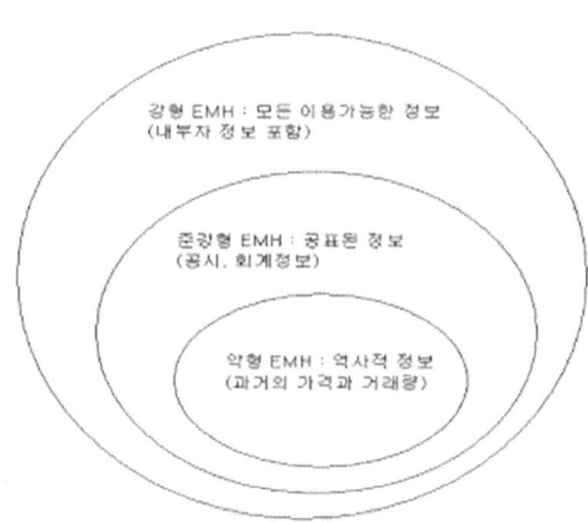

[그림 2-2] 효율적 시장가설의 정의

효율적 시장에서는 어떠한 투자그룹도 알려진 투자전략으로 지속적인 이득을 얻을 수 없다. 즉 종목분석은 비용만 들 뿐 효과가 없음을 의미한다. 그러므로 시장을 따라가는 투자전략(지수펀드 소극적 투자전략) 등이 가장 좋은 투자전략이 되는 것이다. 하지만 다음을 의미하지는 않는다.

1) 행동주식가격은 항상 진정한 내재가치로부터 이탈할 수 없다.

2) 어떤 투자자도 임의의 기간에 초과이득을 얻을 수 없다.

3) 어떤 투자자그룹도 장기간 투자에서 초과이득을 얻을 수 없다.

4) 효율적 시장과 투자전략(소극적/적극적 투자)

(6) 시장 효율성 검증에 대한 논쟁

1) 투자 규모의 문제

투자규모가 1,000억 원인 펀드매니저가 만일 1%의 적은 수익률을 지속적으로 낼 수 있다면, 유능한 펀드매니저일까 하는 질문을 던진다면, 이에 대한 답으로 투자금액이 크기 때문에 적은 수익률이라고 하더라도 이러한 펀드매니저의 행동은 시장의 작은 가격오류를 수정해 주는 역할을 수행한다. 따라서 "시장이 얼마나 효율적인가?"를 검증하는 것이 타당하다.

2) 선택편의의 문제

당신이 만일 굉장히 우수한 투자전략을 혼자 알고 있을 경우 이를 공개할 것인가 하는 질문이다. 이에 대한 답으로 결국 자신을 위해 투자전략을 사용할 것이다. 결국, 시장 효율성 검증이라는 말은 이미 알려진 투자전략에서만 이루어질 수도 있다.

3) 행운의 문제

상당히 우수한 투자전략은 운(luck)에 의해서 발생한 것이 아닐까 하는 질문이다. 이에 대한 답으로 성공한 투자전략은 선택편의의 문제와 더불어 행운의 문제 때문에 실증검증단계에서 파악하기 힘들다.

(7) 효율적 시장의 분석과 투자전략

1) 효율적 시장에서 기술적 분석의 필요성

기술적 분석은 과거 주가의 움직임에 대한 패턴을 사용하는 투자전략이다. 그런데 약형 효율적 시장가설이라도 성립하는 시장이라면 이러한 투자전략은 무의미하다.

2) 효율적 시장에서 기본적 분석의 필요성

가치평가에 의한 내재가치 분석을 하는 기본적 분석은 준강형 효율적 시장가설을 만족하는 시장이라면 효과가 없다. 왜냐하면, 기본적 분석에 의한 결과는 이미 시장가격에 반영되어 있기 때문이다. 공개된 자료를 통한 분석은 의미 없는 일이다.

3) 효율적 시장에서 가장 좋은 투자전략

시장을 따라가는 투자전략(지수펀드)은 소극적 투자전략의 일환이다. 시장이 효율적이라면, 어느 누구도 시장수익률을 초과하는 이득을 보기 힘들다. 왜냐하면, 신속히 모든 정보가 가격에 반영되어 있기 때문이다. 하지만 종목 가치평가에 의한 적극적 투자전략은 투자규모가 클 경우 비록 적은 초과수익률을 얻더라도 시장이 균형가격으로 신속히 조정될 수 있는 배경을 제공하며(투자규모의 문제), 유능한 투자자의 행동이라고 볼 수 있다.

4) 효율적 시장에서 펀드매니저의 역할

시장이 효율적이라면 펀드매니저는 필요 없는 것일까? 하지만 효율적 시장에서도 펀드매니저에게는 다음과 같은 역할이 있다.

(가) 분산투자: 15～20개 종목으로 분산투자를 할 경우 위험을 상당히 줄일 수 있다.

(나) 위험수준 결정: 유능한 펀드매니저는 고객의 위험수준을 판단하여 이에 적절한 투자전략을 세울 수 있다. 이러한 것을 재무 내부 장식이라고 한다.

(다) 세금과 거래비용: 배당과 매매이익에 대한 소득세율이 다르기 때문에 고객의 한계세율에 따라 다른 투자전략을 구축할 수 있다. 그리고 거래비용을 줄이기 위해서 많은 노력이 필요하다.

3. 시장의 효율성 검증 방법[19]

(1) 약형 효율적 시장 검증방법

약형 효율적 시장하에서는 과거정보로만은 초과수익률을 얻을 수 없다. 이를 검증하기 위한 방법으로 독립성 검증과 필터기법이 있다.

1) 독립성 검증

주가시계열이 만일 독립적이지 않다면, 어제의 주가가 오늘의 주가에 영향 줌을 의미한다. 이는 과거정보를 활용하여 초과수익률을 얻을 수 있는 가능성을 의미한다.

자기상관 계수(autocorrelation)를 통해 주가시계열의 독립성 검증을 수행할 수 있다. 연 검증(run) 역시 주가가 무작위로 움직인다는 것을 검증하는 것이다.

2) 필터기법

기술적 분석가에 의해 주가의 과거 패턴을 이용하는 것이다. 예를 들어, 1% 올랐을 때 매입하고 과거 높은 수준에서 1% 떨어졌을 때 매도하여 이익을 실현시키려고 하는 기법이다. 많은 실증연구에 의하면 실제로 주가의 자기상관 계수는 낮은 편이며, 연 검증을 통해 주가의 무작위성이 입증되었다. 또한, 필터기법으로는 초과수익률을

---

19) 최운열 · 박영석, "투자론", 박영사, 2005. 참조.

얻을 수 없음도 알려졌다.

하지만 이러한 실증검증은 검증기간에 따라 다르게 나타날 가능성
이 존재하기 때문에 일관되게 약형 효율적 시장이 달성된다고 보기
는 힘들다는 지적도 존재한다.

(2) 준강형 효율적 시장 검증방법

준강형 효율적시장 하에서는 현재 공개된 정보를 통한 투자전략으
로는 초과수익률을 얻을 수 없다. 이를 검증하기 위한 방법이 사건
연구이다.

1) 사건 연구: 특정 사건이 발생하는 일을 중심으로 초과수익률
   이 존재하였는지를 살펴본다.

비정상 수익률 :
이때 기대수익률을 산출할 때 시장모형, CAPM, APT등이 활용된다.
만일 준강형 효율적시장을 만족하는 시장이라면 CAR의 움직임은
좌측 그림과 같다. 그러나 실제 현상은 우측 그림과 같이 나타난다.
10년간 상장회사의 신규투자공시 전후 6일간 CAR을 구한 것이다.

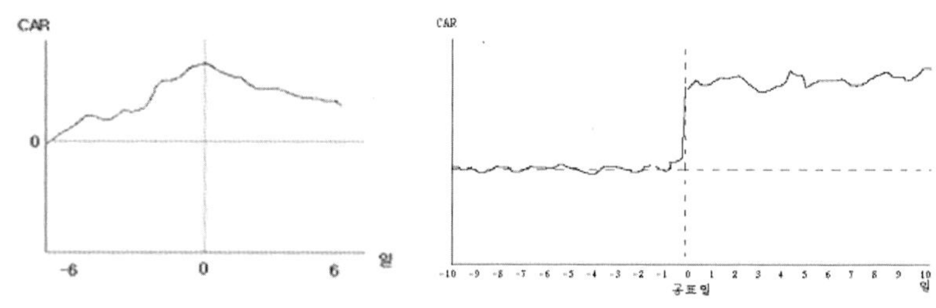

[그림 2-3] 준강형 효율적 시장 CAR

공시일 6일 전부터 누적초과수익률이 상승하고 있다. 이것은 정보
유출의 증거이며, 준강형 효율적 시장가설을 만족하지 않고 있다.

(3) 강형 효율적 시장 검증방법

강형 효율적 시장하에서는 내부자 정보를 포함한 이용가능한 모든
정보를 통한 투자전략으로는 초과수익률을 얻을 수 없다. 이를 검증
하기 위한 방법으로 기업내부자나 전문투자자의 펀드 성과를 살펴보
는 방법이 있다.

1) 기업내부자(corporate insider)들 주식거래에서 얻은 수익률을
   분석하는 방법
2) 전문거래자(stock~exchange specialist)의 주식거래에서 수익
   률 분석하는 방법: 전문거래자는 특정종목의 주식을 충분히 보
   유하고 있어 투자자들이 매입하고 싶을 때 매각해 주고, 매각
   하고 싶을 때 매입해 주는 시장조성인이다. 투자신탁회사의 수
   익률을 분석하여 전문 포트폴리오 관리인의 업적을 평가해 보

는 것이다.

위의 두 가지 방법에 의한 실증연구결과는 강형 효율적 시장을 부정하고 있다. 이는 그들 모두가 중요한 정보에 대해 독점력을 갖고 있으며 그들은 평균 이상의 수익을 올리기 위해 실제로 그 정보를 활용하고 있다는 것이다. 반면 전문투자기관의 업적평가에 대한 분석결과가 단순한 매입·보유전략에 의한 투자결과를 일관되게 압도하지 못한다는 것이 지금까지의 대체적인 연구결과이다. 그 이유는 전문투자기관도 정보에 대한 독점력이 없는 일반투자자와 비슷하기 때문일 것이며 이런 이유로 인해 이 세 번째 유형이 강형 효율시장가설검증으로서는 처음 두 유형보다 더 적합할 수 있다는 것이다.

(4) 이상현상(Anomaly)

이상현상은 효율적 시장가설을 부정하는 반복되는 주가의 패턴을 보여 준다.

1) 시계열 자기상관

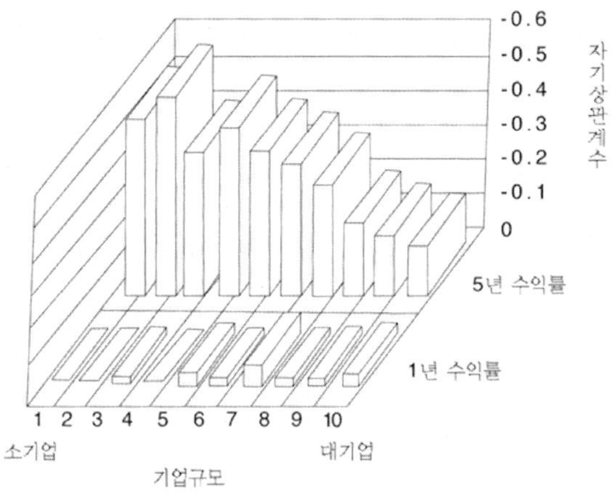

[그림 2-4] 시계열 자기상관

약형 효율적 시장가설에서 단기적 주가수익률 시계열의 경우 자기
상관이 존재하지 않는 것으로 나타났지만, 장기 수익률(5년 수익률)
의 경우 강한 음의 자기상관을 보여 주고 있다. 특히 소기업의 경우
이러한 증거는 더욱 강하다.

2) 승자/패자 포트폴리오

장기적인 음의 상관 수익률의 증거와 비슷하게 반전(contrarian)전
략의 일환으로 누적 초과수익률이 낮은 종목군을 패자포트폴리오,
누적 초과수익률이 높은 종목군을 승자포트폴리오로 분류하였을 때
과거 패자포트폴리오의 경우가 높은 초과수익률을 보이고 있다.

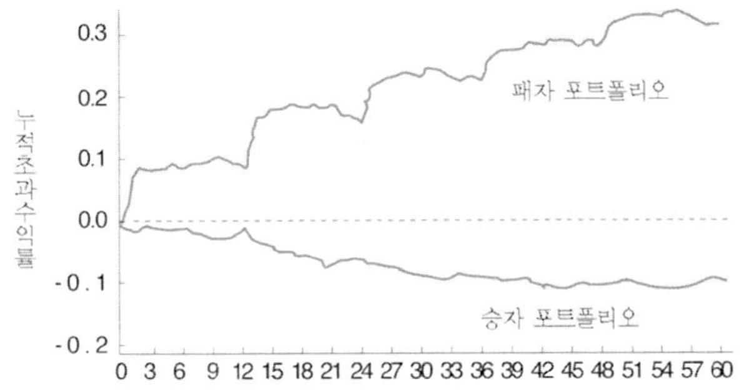

[그림 2-5] 승자, 패자 포트폴리오

3) 소기업 효과

규모가 작은 소기업일수록 높은 수익률을 보이는 현상이다. 기업 규모가 작은 종목은 상대적으로 시장에서 소외되기 때문에(소외기업 효과), 상대적으로 높은 위험을 갖고 있어 투자자들의 요구수익률이 높다.

4) 1월 효과

다른 월보다 1월에 주가수익률이 높은 현상을 말한다. 특히 소기 업의 경우 1월 효과가 크다. 아래는 국내자료를 사용하여 월별 수익 률 평균을 기업규모에 따라 표시한 것이다.

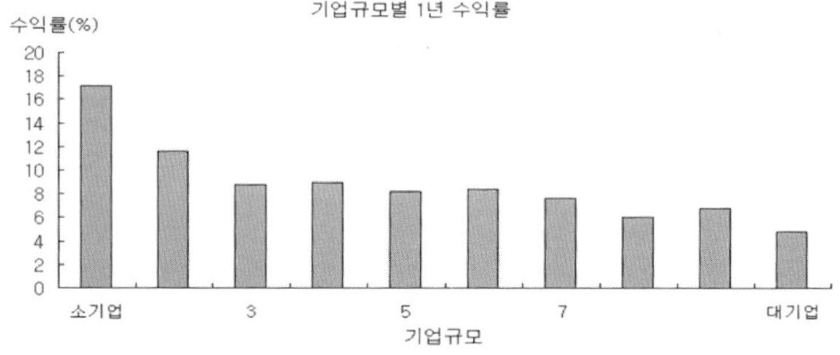

[그림 2-6] 기업규모별 수익률

가) 세금가설: 연말에 소득세를 줄이기 위해 투자자들이 매도하고 상대적으로 가치가 낮아진 종목을 1월에 매입한다는 설명이다. 하지만 연말기준으로 소득세를 부과하지 않는 나라에서도 나타난다.

나) 기관투자자의 매매형태: 기관투자자들이 포트폴리오 재조정을 연말과 연초에 많이 하게 되는데, 주로 1월에 매입하기 때문이라는 설명이다.

5) 저PER 효과

상대적으로 낮은 **PER**을 갖고 있는 종목이 수익률 높은 현상을 말한다. 주식시장에서 평균 이상의 초과수익률을 올릴 수 있는 투자기법의 존재 유무에 대한 논란은 끊임없이 일어나게 마련이다. 그중 가장 일반적인 논쟁이 저**PER**주에 관한 것이다. 저**PER**주식에 대한 투자전략이 상대적으로 높은 투자성과를 가져온다는 실증 결과는 국내외를 막론하고 쉽게 찾아볼 수 있다. 그러나 이에 대한 반론도 역시 만만치 않게 제시되고 있다. 이 중 저PER전략의 이례적 결과는 기업규모효과 때문이라는 반박이 있는데, 이 논리는 일반적으로 소형주의 PER가 낮다는 데 기초하고 있다. 즉 대형주에 비해 소형주의 위험추정치는 정보부족으로 확신을 갖기 어렵기 때문에 추가적인 위험보장이 필요하고, 거래물량이 적기 때문에 높은 거래비용까지 수반하게 된다는 것이다.

6) 월요일 효과(주말효과)

월요일 수익률이 다른 요일에 비해 낮은 현상을 말한다. 주로 기업들이 부정적인 정보를 금요일 장 후 공개한다는 설명이지만 설득력이 없다.

4. 전망 이론

(1) 전망 이론의 정의 및 개요

1) 정의

전망 이론(prospect theory)은 본 연구에 있어서 주요한 이론적 메커니즘이다. 우선, 전망 이론에 대해 살펴보고, 그중 손실 회피와 심저 계산에 대해서 설명한다. 전망 이론을 이론적 메커니즘으로 처분효과 현상이 나타나는데 처분효과를 살펴보면, Shefrin, and Stateman(198

5)[20]은 투자자들이 손실을 보고 있는 투자주식은 오래 보유하고, 이익을 보고 있는 투자주식은 급히 매도하는 성향을 처분효과라고 정의하였다. 처분효과는 Kahneman and Tversky(1979)[21]가 발표한 전망이론[22]에 주요한 이론적 근거를 두고 있다.

손실 회피의 개념으로 전망 이론은 이익보다 손실을 볼 때, 개인의 고통이나 실망감이 훨씬 크다고 말한다. 투자자들은 이익과 손실을 선택할 상황에 직면하게 되면, 사람들은 S자 모양의 가치함수[그림 2-7]를 극대화하는 행동을 나타낸다고 한다. 이것은 이익영역에 대해서는 볼록한 형태를 나타내고, 손실영역에 대해서는 오목한 형태로 나타난다. 또한, 이익보다 손실에 대해서 더욱 가파른 형태로 나타난다.

---

20) Shefrin, Hersh, and Meir Stateman, "The disposition sell winners too early and ride losers too long: Theory and evidence", *Journal of Finance* 40, (1985), pp.777~790.

21) Kahnenman, Daniel, and Amos Tversky, "Prospect Theory: An Analysis of Decision Under Risk", *Econometrica*, 47(2), (1979), 263~291.

22) 전망 이론은 위험하에서 소비자의 선택행위를 설명하기 위하여 광범위하게 이용되어 온 기대효용이론을 비판하고, 소비자의 선택은 잘 짜인 선호의 순서에 따라 이루어지는 것이 아니라, 선택 문제의 제시 방식이나 선택 문제와 결부된 다른 상황적인 요소들에 의하여 판단이나 선택이 영향을 받아 비일관된 선택경향을 나타낼 수 있음을 제시하고 있다(Tversky, Sattath and Slovic 1988). 전망 이론은 기대효용이론과 네 가지 측면에서 차이가 있다고 볼 수 있다(Payne, Bettman and Johnson 1992).
첫째, 가치함수는 준거점인 0을 기준으로 손실인 영역에서는 오목(convex)하고 이득의 영역에서는 볼록(concave)하다. 그리고 기울기는 손실의 영역에서 더욱 기울기가 가파르기 때문에 소비자는 일반적으로 손실을 더욱 크게 지각한다는 의미를 내포하고 있다. 둘째, 준거점(reference)의 위치가 지각적 구성(perceptual framing)에 의하여 변한다. 따라서 기대 이론에서는 같은 선택 대안이라도 준거점이 어떻게 정해지느냐에 따라 이득이나 손실로 인식할 수 있다. 셋째, 확률함수는 객관적인 확률과 일치하지 않는다. 또한 낮은 확률을 객관적인 확률에 비하여 과대평가(overweighting)하는 경향이 있다. 넷째, 확률 값의 추정에 편집과정이 포함된다. 즉 확률을 부호화(coding), 결합(combination), 소거(cancellation) 등 과정을 거쳐서 단순화시키게 된다.

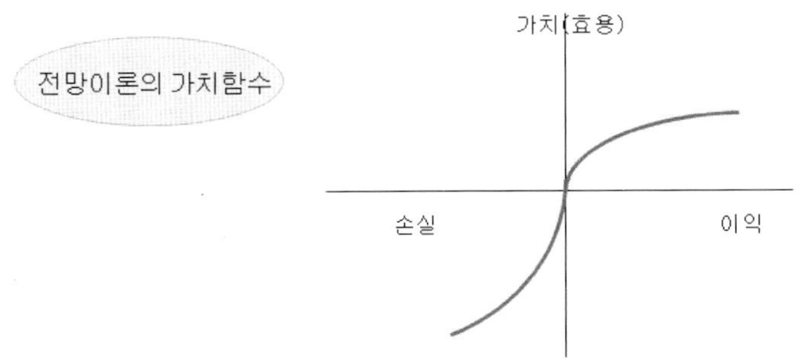

[그림 2-7] 전망 이론의 가치함수

다시 말해, 어떤 투자자들은 주식가격이 매수가격보다 하락했을 경우에도 주식을 계속 보유하고자 한다는 것이다. 결국, 투자자들은 기대이익이 적정하게 평가되는 주식보다 가격이 하락하는 주식에 대해서 더 큰 거래동기를 부여한다고 볼 수 있다. 예를 들어, 투자자가 두 개의 주식종목을 가졌을 경우 한 종목은 상승하고 다른 한 종목은 하락한다면, 상승한 종목에 대한 더 이상의 새로운 정보가 없다면 상승한 주식종목을 매도할 것이다. 처분효과는 이러한 전망 이론을 이론적 메커니즘으로 하여 투자행위를 하는 것을 말하고 행위적 선택이론(alternative behavioral theory)[23]으로 보다 자세하게 설명될 수 있다.

---

[23] 인간의 행위는 어떤 목적을 추구하는 의도적인 성격을 지닐 때가 많다. 인간이 갖고 있는 욕구와 필요를 전제로 이를 얻기 위한 의식적이며 의도적인 행위가 자주 나타난다. 이러한 의도적인 행위가 행위학적 선택이론이다. Andeassen, Paul, "Explaining the price-volume relationship: The difference between price change and changing prices", *Organizational Behavioral and Human Decision Processes* 41, (1988), pp.371~389.

2) 개요

가) 손실 회피(Loss Aversion)

Kahneman and Tversky는 의사결정자가 불확실성하에서 선택에 직면했을 때, 실제로 어떻게 행동하는지에 대한 이론을 제시했다. 가치함수는 이익과 손실의 크기에 대해 비대칭을 보여 주며, 이것은 손실 회피의 요인이 될 수 있다. 손실인식은 이익인식보다 2배 정도의 가중치를 둔다고 한다. 예를 들어, 1달러 손실은 1달러 이익의 만족보다 2배의 고통을 야기한다. **Kahneman and Tversky**(1991)[24]는 도박에서 손실을 경험했을 때의 현상을 손실 회피의 현상과 같은 맥락으로 보고 있다. 투자자들이 보유하고 있는 손실포지션에서 언젠가는 주식가격이 회복할 거라는 믿음을 갖는다는 것이고, 이것은 전망 이론하에서 그러한 근거를 찾아볼 수 있다.

Samuelson(1963)[25] 연구에서 손실 회피에 대해 또 다른 예를 보여 주고 있다. 그는 대학생을 대상으로 200달러를 얻을 확률이 50%, 100달러를 잃을 확률이 50%인 게임을 제안했고, 참여할 것인지 물어보았다. 대학생들은 이런 게임을 하지 않겠다고 응답한 학생이 훨씬 많았다.

그러나 이런 게임을 100번을 할 수 있다고 한다면, 참여하겠다고 응답한 학생이 참여하지 않겠다고 응답한 학생보다 많았다. 즉 학생들은 확률적으로 전체 이익의 5,000달러는 인지하지만 손실에 대해

---

24) Kahnenman, Daniel, and Amos Tversky, and Slovic, Paul "Loss Aversion in Riskless Choice: A Reference-Dependent model", *Qurterly Journal of Economics*, (November 1991), pp.1039~1061.

25) Samuelson, P. A. "Risk and Uncertainty: A Fallacy of Large Numbers", *Scientia*, Vol.98, No.4~5, (1963), pp.108~113.

서는 인지하지 않는다고 주장하였다. 학생들이 이러한 게임을 받아들이고 실패한다면, 이것이 손실 회피[26](Benartizi and Thaler, 1995)[27]로 나타나는 현상이라고 주장하였는데, 이것은 Shefrin and Stateman(1985)의 처분효과 개념을 설명하는 데 있어서 손실 회피의 개념을 접목한 것이라 말할 수 있겠다. Samuelson(1963)은 손실 회피자들이 부가 증가하는 것보다 감소하는 것을 덜 지각하는 것이라고 정의를 내렸다. 즉 증가하는 부에 대해서는 위험회피적 성향을, 감소하는 부에 대해서는 위험추구적인 성향을 나타낸다는 것이다.

Barberis and Ming(2001)[28]은 전망 이론과 자산가격(Asset Prices)에 관한 연구에서 투자자들에게 직접적인 영향을 미치는 자산가격은 그들의 재무적 부의 가치변동으로부터 영향을 받는다고 주장하였고, 손실 회피의 정도는 그들의 사전 투자성과가 이익이었는지 손실이었는지에 따라 결정된다고 주장하였다.

나) 심적 계산(Mental Accounting)

심적 계산은 같은 속성을 기초로 한 심적 계산 사건보다 각기 다른 심적 계산 특정사건을 사람들이 더 선호하는 경향이 있다는 것이다(Shiller, 1998).[29] 즉 선호하지 않는 요인들의 합이 선호하는 요인들의 합보다 나은 심적 조건이라고 설명한다.

---

26) Benartzi and Thaler(1995)는 이익보다 손실을 많이 지각하는 것과 자주 성과를 평가하는 것의 결합이라고 정의하였다.

27) Benartizi, Shlomo, and Thaler, Richard, "Myopic Loss Aversion and the Equity Premium Puzzle", *Quarterly Journal of Economics*, No.10, (1995), pp.73~92.

28) Barberis, Nicholas, and H. Ming, "Mental Accounting, Loss Aversion, and Individual Stock Returns", *Journal of Finance*, 56, (2001), pp.1247~1292.

29) Shiller, Robert, "Human Behavioral and the Efficieny of the Financial System", *National Bureau of Economic research Working Paper*, No. W6375, (1998).

심적 계산을 기초로 한 연구에는 의사결정자가 분리된 사고로 선택에 직면할 경우, 도박의 심리형태로 분리하는 경향이 있다(Goldberg, von Nitsch, 2001)고[30] 주장하였다. 즉 전체(aggregate) 이익실현 합보다 분리(segregate)된 이익실현 합을 더욱 선호하는 경향을 말한다. 예를 들면, 증권투자자들이 이익을 실현했을 경우 4달러의 이익보다 2달러씩의 이익을 더 선호한다는 것이다. Barberis, et al.,(2001)[31]는 심적 계산, 손실 회피, 그리고 개인주식수익률에 관한 연구에서 두 가지 관점으로 동등한 수준을 가진 회사의 주가수익률을 연구하였다. 첫째, 투자자가 그들 주식 포트폴리오의 변동을 손실 회피하는 것과, 둘째, 그들이 각각 개별 주식의 변동을 손실 회피하는 것이다. 연구 결과에 의하면, 그중에서 첫 번째보다 두 번째 접근법에서 손실 회피하는 경향이 큰 것으로 나타났다.

Kahneman and Tversky(1979)는 이러한 손실 회피와 심적 계산에서부터 한 단계 발전된 전망 이론을 발표함으로써, 학계에 엄청난 파장을 불러일으켰다.

---

30) Goldberg, Joachim and von Nitsch, Rudiger, *Behavioral Finance*, John Wiley & Sons Ltd.(2001).

31) Barberis, Nicholas, H. Ming, and Tano Santos, "Prospect Theory and Asset Prices", *Quarterly Journal of Economics*, 116(1), (2001). pp.1~53.

(2) 전망이론의 내용[32)

1) 기대효용함수의 정의 및 기대효용의 최대화

경제학에서 경제적 동물(Homo oeconmicus)이란 행동의 의사결정 과정에서 완전히 합리적으로 의사결정을 하는 사람을 말한다. 이 사람을 합리적 인간이라고 부르자. 최적의 투자목록과 관련지어 실제적인 조언들, 예를 들어, 거래 참여자들뿐만 아니라, 그들의 합리성 정도를 가정해보면, 많은 이론들이 경제적 행동은 합리적 인간이라는 근거를 두고 있다.(Markowitz 1952, Markowitz 1959, Sharpe 1970)

그렇지만, 합리적인간의 합리성은 정확히 무엇에 근거하는가? 이 질문에 대답하는 것은 쉬운 일이 아니다. 합리적인간은 항상 자신의 경제적인 상황을 개선하려고 애쓰지만, 결정적으로 선택하는 순간에는 불확실성을 포함하고 있다. 이것은 당연히 금융시장에도 적용된다. 투자자가 투자에 대한 손실의 이익을 가질 기회에 대한 문제는 결국 누가 덜 위험 없이 매수하느냐에 대한 문제이다.

불확실성의 결과로 일어나는 피할 수 없는 문제 중 하나는 합리적 인간이 의사결정한 날로부터 나타나는 정확한 이익 중에 어디까지 합리적 의사결정인지를 판단할 수 없다는 것이다. 그러므로 그는 합리적인 결정에 도달하기 위해 그의 결정에 대한 가능성을 고려하고 그의 계산의 가능성을 결합할 필요가 있다.

합리적인 투자 가능성에 대해 당신은 어느 정도의 확률로 인지할

것인가? 경제학은 인간의 선택을 다루는 학문이며 경제학은 계량화, 정량화될 수 있는 부문에 집중하고 있기 때문에 엄격한 전제를 바탕으로 이상적인 모델 을 만드는 방식이 자주 활용된다. 합리적 선택은 과오스카모건스턴(Morgenstern)이 제창한 기대효용 이론(expected utility theory)의 형태에 많은 영향을 받았다. 즉, 인간은 기대값(expected value)이 큰 것을 선호한다는 것이다. 이렇게 당연해 보이고 합리적으로 보이는 기대효용 이론은 경제학, 재무학, 재무관리, 투자론 등의 학문에 기본적인 전제이다. 이 과정은 다음과 같은 예로써 설명될 수 있다.

그러나 우리는 항상 합리적인 선택을 하는 것은 아니다. 합리적인 간이 양자택일 중에서 다음과 같은 상황에 직면해 있다고 하자.

실험 1: 여러분은 두 개의 복권 중 하나를 택할 수 있습니다. 하나는 확실하게 1억 원이 당첨된 복권입니다. 다른 하나는 2억원이 당첨될 확률이 반, 한 푼도 받지 못 할 확률이 반인 복권입니다. 어떤 것을 택하겠습니까?

실험 2: 여러분이 어느 날 큰 빚을 물려받게 되었습니다. 두 가지 종류의 빚이 있는데 여러분은 둘 중 하나를 택해야만 합니다. 하나는, 1억 원의 빚이 확정된 것입니다. 다른 하나는, 2억원의 빚을 갚아야 할 확률이 반, 빚이 완전히 탕감되어서 전혀 갚을 필요가 없을 확률이 반입니다. 어느 쪽을 택하겠습니까?

이에 대한 답을 구하기전에 효용만족도에 대해 설명을 하면 다음과 같다. u(x, p)는 x를 얻을 확률이 p인 갬블이 주는 효용(만족도)이라 한다. 이것은 효용이 이득(gains)이나 손실(losses)과 관계없이 최종상태에 의해 결정된다는 가정이다. 예컨데, 내가 원래 100을 갖고 있었든 90을 갖고 있었든 새로운 게임 u(100, 0.5)가 주는 효용은 똑같다는 것이다. 사람들이 리스크 회피형이라는 것은 전망이론에서 설명해 준다. 효용함수는 원점에 대해서 오목함.(u"< 0)을 나타내기 때문이다.

u(100,0.5), 즉, 100을 받을 확률이 반이고, 하나도 받지 못 할 확률이 반인 것과 확실한 50%가 기대되는 것이 있다면, 비록 기대값은 둘 다 50으로 같지만 사람들은 후자를 더 선호한다는 가정이다. 즉, 실험1, 실험2 모두 어느 것을 선택해도 효용가치는 같다는 것이지만, 인간은 합리적이지 않고 이익에 대해서는 위험 회피적이기 때문에 후자를 선택하는 경우가 많다는 것이다. 따라서, 50%보다 작은 값이 기대되더라도 그게 확실하다면 (100,0.5)보다 선호된다는 것이다. 보통 43% 전후를 제시하면 (100,0.5)와 선호도가 비슷한 것으로 알려져 있다. '정상적인' 사람은 확실하기만 하다면 기대값이 더 작아도 그쪽을 더 선호하는 리스크회피형(risk-averse) 인간이라는 것을 보여준다. (100,0.5)대신 택하는 43%의 사람을 확실성등가라고 한다.

모든 불확실한 양자택일의 상황에 직면해서, 좀 더 심도 있는 평가 양상은 위험에 직면한 개인의 태도에 달려 있다. 많은 사람들은 모든 위험을 피하려 한다. 이런 사람들은 불확실한 정도를 즐긴다. 다소 따분한 일상 삶에서 그것은 조금은 흥미로움을 제공한다. 손실 부담에 대한 감당은 매우 강해서 많은 사람들은 통계적으로 볼 때, 항상 돈을 잃을지라도 카지노에 가서 게임을 하고 돈을 지불할 것이다. 손실에 대한 회피는 경제학에서 합리적인 성격으로 보여 진다. 그러나 손실을 어느 정도까지 부정적으로 평가하는 것이 합리적인지는 아주 중요한 부분이다.

요약해 보면, 합리적인간은 매번 결정에서 개인적으로 기대 가치의 활용을 최대화한다. 돈의 효용성은 총액이 증가함에 따라 하락한다. 게다가, 우리는 인간의 편에서 감수해야 될 위험에 대해 특별한 태도를 설명해야 할 것이다. 어떤 결정을 내려 산출해야 할 때, 누가 이 모든 것을 고려할 수 있을까?

2) 확실성 효과(certainty effect) : 사람들은 항상 확실한 것만을 좋아하지는 않는다.

기대효용 이론은 기대 값이 높은 것을 더 선호한다는 가정을 하고 있고, 기대값은 "결과 x가 나올 확률"을 합한 것이다. 따라서 기대효용 이론에서는 결과가 나올 확률(probabilities)을 가중치로 사용해서 우리가 어떤 것을 더 선호하는지 판단한다.

그와 달리, 확실성 효과(Certainty Effect)란 우리가 선택을 할 때 '가능한'(probable) 결과보다는 '확실한(certain)' 결과 쪽에 훨씬 더 큰 가중치를 준다는 것이다. 즉, 전망이론에서는 선택에 영향을 미치는 것이 확률만이 아니라 얼마나 확실한가도 큰 영향을 미치는 것으로 판단된다.

다음과 같은 예를 들어 보자.

실험 1: 둘 중의 하나를 선택하자

A: 3주일간 영국, 프랑스, 이태리를 여행할 수 있는 당첨 확률이 50%인 티켓

B: 1주일간 영국을 여행할 수 있는 기회가 확정된 티켓

위의 경우는 대부분이 B를 선택할 것이다. 왜냐하면 1주일의 확정된 영국여행을 포기하기란 쉽지 않기 때문이다. 즉, 위험회피적인 행

태를 보여준다. 하지만 다음의 경우는 다른 의사결정을 보여준다.

실험 2: 둘 중의 하나를 선택하자

A: 3주일간 영국, 프랑스, 이태리를 여행할 수 있는 당첨 확률이 5%인 티켓

B: 1주일간 영국을 여행할 수 있는 당첨 확률이 10%인 티켓

이러한 경우, A를 선택할 것이다. 왜냐하면 어차피 당첨 확률이 둘 다 적기 때문에 당첨 확률이 적은 A를 선택하는 위험추구적인 행태를 보이기 때문이다.

실험 3: 둘 중의 하나를 선택하자.

A: (600만 원, 45%)

B: (300만 원, 90%)

위의 경우는 기대효용가치는 같기 때문에 선택할 필요가 없다. 하지만 대부분이 B를 선택할 것이다. 왜냐하면 확실한 90%의 확률을 포기하기란 쉽지 않기 때문이다. 즉, 위험회피적인 행태를 보여준다. 하지만 다음의 경우는 다른 의사결정을 보여준다.

실험 4: 둘 중의 하나를 선택하자.

A: (600만 원, 1%)

B: (300만 원, 2%)

위의 경우도 기대효용가치는 같기 때문에 선택할 필요가 없다. 그러나 이러한 경우, A를 선택할 것이다. 왜냐하면 어차피 당첨 확률이 둘 다 적기 때문에 당첨 확률이 적은 A를 선택하는 위험추구적인 행태를 보이기 때문이다.

경제혜택의 부문을 아우르는 가능성에 관계된 두 가지 흥미로운 행동양상이 있다. 첫 번째로, "확실성 효과(certainty effect)"이다. 이

것은 절대적으로 확실함을 불확실한 사건에 비해 불균형하게 높게 가치를 매긴다고 사람들은 주장한다는 것이다. 무엇이든지 불확실한 것은 명백히 확실한 것에 비해 작은 가치로 여겨진다. 일반적으로 "100%의 가능성(probability)은 확실한 것만 못하다"라는 의미에서 도 적용된다.

당신이 러시아 룰렛을 하고 있다고 상상해보면 이러한 효과를 확 인할 수 있다. 두 개가 아닌 하나의 룰렛 알에 대해 얼마나 많이 지 불할 준비가 되어 있는지 자신에게 물어보아라. 만약 당신이 위험을 즐기지 않는다면 더 이상 의심할 여지가 없이 적게 지불할 것이다. 하지만 대부분의 사람들은 확실함을 얻기 위해 아주 많이 지불할 것 이다 이는 인생이 확실함에 의존하는 경우가 많다는 것을 보여준다.

두 번째 특성은 적은 가능성을 과대평가하는 양상이다. 이러한 전 형적인 추정의 오류를 다음 두 가지 실험은 증명해준다. 첫째로 당 신은 5,000달러의 상금을 받을 수 있는 1/1,000의 찬스와 확실히 5 달러 얻을 선택권을 가지고 있다고 하자. 대부분의 사람들은 위험적 인 대안을 선택한다. 수많은 사람들이 그들이 복권을 살 때도 비슷 한 경우이다. 이러한 상황에서는 이기는 것이 얼마나 확률적으로 낮 은지 통계적으로 증명하는 박식한 친구들조차 여전히 무의식적으로 상당한 대가를 치르며 복권을 매수하게 된다. 이러한 투자행동은 예 견하는 승리의 기대 값보다 지불하는 대가가 상당히 높음에도 기꺼 이 지불하게 된다. 그들이 실제로 당첨된다면 어떤 여유가 생길 수 있는지 스스로 꿈꾸지 않아보았겠는가. 많은 사람들은 그들의 작은 가격을 기꺼이 지불하여 욕망을 가지려고 한다.

둘째로 게임에서 당신의 선택권은 의 5,000달러(17%)를 잃을 위험과 확실한 손실금액 5달러(83%) 중 선택할 수 있다. 대부분은 5,000달러의 손실이 너무 높다고 평가하고 손실금액 5달러를 선택할 것이다. 이는 그들이 위험 회피적 결정을 하기 때문이다. 일상생활에 이러한 사례의 상황은 거의 존재한다. 즉, 일상생활에서 작은 위험을 과대평가하는 경향은 강하다. 보험 분야는 이런 현상으로 인해 사람들을 보험에 가입하게 하고 이익을 본다. 얼마나 많은 보험 증권들이 다음과 같은 끔찍한 각본을 통해 팔려나가는가! "당신의 개가 도로를 향해 뛰어들고, 유조차가 피하려다가……석유가 사방으로 흘러나오고, 700만 달러의 손실이!……" 발생한 확률은 낮지만 값비싼 대가를 치르는 사고의 예이다. 그러므로 아주 있을 법하지 않은 사건(보장된 사건의 위험)에 비해 있음직한 어떤 손실(보험 프리미엄)이 높은 가중치로 측정될 때 보험을 사는 결정을 하게 된다.

3) 반사효과(Reflection effect)

긍정적인 전망의 게임과 부정적인 전망의 게임이 서로 거울에 비친 것처럼 정반대의 결과로 나타나는 것을 반사 효과라고 한다. 민감도 감소로부터의 특정한 행동결과들은 다음의 예로서 설명된다. 의사결정자는 선택에 대해 다음과 같은 상황에 직면한다. 이번에는 이득(gains)이 아닌 손실(losses)에 대해서 어떻게 반응하는지를 살펴보자.

(-400만 원, 80%)와 (-300만 원, 100%) 중 하나를 택하는 실험이다.

손실에 대한 실험:

실험 1: (300만 원 손실, 90%), (600만 원 손실, 45%)

실험 2: (300만 원 손실, 2%), (600만 원 손실, 1%)

위와 같은 손실이 예상되는 경우 기대효용이 같지만, 대부분의 사람들은 드라마틱하게 리스크 추구형(risk-seeking)을 선택하게 된다. 확실성에 높은 가중치를 주는 경향은 이득 게임에서는 리스크 회피형으로 만들고 손실 게임에서는 리스크 추구형으로 만든다. 우리는 항상 불확실성을 회피(aversion for uncertainty)하는 게 아니고, 손실이 우려될 때는 불확실한 쪽을 더 선호한다는 것이다. 즉, 조금 오르면 이익을 실현해 버린다. 큰 손실을 보고 있으면 손절매를 못하는 경향이 이러한 반사효과로 나타나게 되고, 금융시장에서 개인투자자들이 손실이 증대되는 원인일 것이다.

다른 예를 들어보자. 그는 1,000달러를 받을 수 있고, 50%의 확률로 2,000달러를 얻을 수 있는 모험을 할 수도 있다. 이제 우리가 민감도 감소에 대해서 알기 때문에 그의 선택을 예상할 수 있을까? 그는 보통 1,000달러의 안전한 옵션을 선택할 것이다. 즉 이익에 대해서는 위험회피적이기 때문에 확실한 것을 선호한다. 즉, 확실하게 1,000달러를 얻는 경우는 50%가능성을 갖은 불확실한 2,000달러의 이익보다 가치가 더 높다고 느낀다. 우리는 민감도 감소 때문에 의사결정자들이 위험한 선택에 대항하고 확실한 양자택일을 추구하는 결정을 한다는 것을 발견했다. 즉, 그의 행동은 위험회피적이다. 하지만 손실을 하는 경험이 되풀이 되면 의사결정자가 갑자기 위험추구적으로 된다.

우리는 의사결정자들이 이익이 손실로 이동할 때와 정확히 반대의 방향에서 위험한 양자택일의 관점에서 행동한다는 결과를 낸다는 것을 알 수 있다. 이것이 반사 효과이다.(Kahneman and Tversky

1979, Kahneman and Tversky 1982b). 반사효과는 준거점이 특정한 사실의 인지를 통해 조정 될 때 흥미로운 행동의 패턴을 보여준다. 이것을 우리는 틀효과(framing effect)라고도 말한다. 이것은 기본적으로 같은 상황에 다른 표시들이 다른 결정들을 도출할 때 일어난다. 잔에 물이 반 들어 있는 것을 반이 차있다 혹은 반이 비었다라고 나타낼 수 있다. 의사결정 환경에 따르면 틀(framing)이 경제적 결정에 어떻게 영향을 미치는지를 명확히 하는 데 도움을 줄 것이다.

4) 합리적 인간

합리적인간은 양자택일 변수에 대해 가능성과 기대 효용을 산출하고 가장 높은 예상효용가치를 선택한다. Home oeconmicus에 의해 묘사된 대로 절대적인 합리성에 대해 세 가지 이상 되는 조건들이 있다. 이는 편견 없이 정보를 완전히 수용하는 것, 감정에 따라 어떠한 판단도 왜곡하지 않는 것, 기능 활용의 안정성 등 공평한 정보로 완전히 수용하는 것이다

합리적인간은 자신의 결정에 따라 금전적인 성공을 이룰 가능성에 대해 믿을만한 계산을 하기 위한 정보가 필요하다. 그렇기 때문에 그는 그의 결정에 관련된 어떠한 정보에도 끊임없는 관심을 보인다. 고려하지 않은 한가지 요인은 나중에 유용성을 줄일 수 있다는 것이다. 그는 어떠한 정보도 차단하지 않으며 또한, 왜곡하지 않고 전체적으로 알 필요가 있는 그 어떤 것에도 주의를 기울인다. 그는 그에게 적합하지 않은 소식을 무시하지 않는다. 합리적인간은 정보가 유익한 소식만큼 중요하다는 것을 깨닫는다. 그는 정보에 대해 강력한

컴퓨터만큼 정확하고, 신중하며 논리적으로 평가한다.

그는 자신이 획득하고 추진해가는 정보에 있어 냉정하고 신중한 방법으로 평가와 결단을 한다. 그는 사람들의 행동이 어떤 동기에 근거를 두게 되는데, 그것은 심리적인 것과 경제 행위의 방식으로 설명될 수 있다. 그의 업적은 통제나 자신의 진술에 대해 기쁨이나 욕심, 두려움, 공포, 열망과 같은 동기에 의해 더 이상 내몰리지 않는다. 합리적인간은 아무런 느낌도 갖지 않는다.

5) 심리적인 손익분기점과 수학적인 손익분기점은 다르다

우리는 합리적인간이 드러난 사례를 취급한 방식에 대해서 말한 것을 매우 많이 다루었다. 그는 어떤 특성을 가졌는지, 사례가 드러나기 이전까지 그동안의 정보를 수집 한다. 그는 신중하게 컴퓨터처럼 일한다. 그는 어떤 특정시간에 이용할 수 있는 양자택일 선택에 대해 끊임없이 기대효용가치를 산출한다. 합리적인간은 이 작업을 위해 설치된 효용함수 프로그램을 통해 컴퓨터로 즉시 결과를 산출한다. 이것이 이루어지자마자, 컴퓨터는 합리적 인간에 의해 중간에 발췌된 정보를 이용하여, 새로운 양자택일을 분석한다. 이과정은 하루 종일 계속된다. 합리적인간은 그가 이기든 지든지에 관계없이 어떠한 기쁨이나 걱정도 보여주지 않는다.

합리적인간의 행위는 매우 답답하고 똑같아 보인다. 그러나 그는 다른 투자자보다 더 많은 이익을 얻게 될 것이다.

그럼에도 불구하고, 그는 흔히 있는 사실에 주관적이기도 하다. 합리적인간이 모든 단일상황에서 더 많은 이익을 내지 못할지라도, 그는 평균적으로 볼 때 일반투자자보다 더 높은 이익을 낼 것이다. 우리는 보통 사람들이 합리적 인간처럼 행동할 수 없다는 것을 진술할 필요는 없다. 결정을 할 때, 그들을 압도하는 정보의 흐름을 진행시킬 수 있는 제한된 능력이 그들로 하여금 생각하고 준비하는 과정을 단순화시킨다. 우리는 인간의 뇌가 한 순간에 일곱 가지 정보를 숙달할 수 있다는 것을 알고 있다.(Miller 1956) 사람은 정보에 관련된 모든 것을 어떻게 흡수하고, 그것을 올바르게 진행시킬 수 있을까? 사람들은 컴퓨터가 아니다. 실제로 그들은 그들의 능력을 정보를 진행시키는데 신중을 기해야 하는 것으로33) 간주할 수 있었다. 사람들은 환경에 의해 공급된 복잡한 정보를 통제하기 위해서 단순화된 학습효과를 사용한다. 학습효과는 거의 노력을 기울이지 않고(예. Strack 1998, Anderson 1996) 빠른 결과에 도달하는 정보추이과정에 대한 장치이다. 이 방법이 항상 최적의 결과를 도출하지 않는다는 것은 명백한 사실이다.

이러한 행동은 그들의 상황을 절대적으로 평가한다. 그러나 사람들은 항상 절대적이 아닌, 상대적인 평가를 한다. 예를 들어, 그들은 이전에 덜 소유했을 때, 미래의 재산에 대해 만족하게 될 것이다. 그러나 이미 많이 가졌더라면 그들은 덜 만족하게 될 것이다.

이미 앞에서 합리적인 결정으로 충돌하는 심리적인 동기들이 있는 것을 언급했다. 그들이 낙담하지 않는 한, 사람들은 그들 자신은 긍정적으로 생각힌다. 그들은 언제나 올바른 결정을 내리고 상황을 통제하기 위한 기본적인 욕구를 가지고 있다.

---

33) Cofnitions represent opinions, beliefs, units of knowledge or more general processes of awareness (Frey and Gaska 1998)

사람들은 그들의 환경을 주관적으로 인지할 뿐만 아니라, 그것을 판단하는 것 또한 주관적이다. 우리는 행동에 따른 결과의 판단을 논의하는 어떤 결정의 본질적인 부분인 이 중간점을 준거점이라고 부른다. 중간과 마찬가지로 준거가 인지되는 같은 단계에서의 결과는 심리학에서의 단계와 같다. 준거점 위의 결과들은 이익과 관련되어 인지되고, 반면에 아래에 있는 가치들은 손실과 관련되어 있는 것같이 보인다. (Kahaneman and Tversky 1979). 그러므로 이익과 손실의 인지와 평가는 준거점에 종속된다. 만약 준거점이 하나의 이유 혹은 다른 것들에 의해 움직이게 된다면 결정을 만드는 행동은 바뀌게 될 수도 있다.

대부분의 사람들은 하나의 주식을 12,500원 살 때의 매수 가격을 준거점으로 선택한다. 이것에 따르면 사람들은 500원만큼 이익이 난 13,000원이 되면 기뻐한다. 그러나 12,000원이 되면 500원만큼 잃게 되며 같은 크기의 이익보다 더 큰 고통을 느낀다. 즉, 대부분의 사람들은 이익과 손실에 대한 효용가치 크기를 다르게 느낀다. 즉, 수학적으로는 손실이 없지만, 1−1=0이 아닌 1−1= 마이너스 인 것으로 인지를 한다는 것이고, 추후의 매매에 보다 위험추구적인 행태를 보인다는 것이다.(Christensen 1989).

6) 매몰비용효과(Sunk cost effect)

매몰비용효과는 추가적으로 투자를 하려는 마음을 노출한 상태에서 이미 비용이 발생한 것을 말한다. 금융시장에서는 더욱이 우리의 투자행동에서 중요한 역할을 한다. 예를 들어보자. 전화를 해서 통화

대기를 기다리며 있다. 5~10분 동안 끊임없이 녹음된 응답을 들으며 당신은 기다리고 있을 것이다. 당신은 그 사이에 줄곧 선택에 직면한다: 아마도 다른 대기라인에서 기다리겠지만 전화를 끊고 다시 걸까? 아니면 조금 더 기다릴까? 당신의 순서는 바로 다음이라고 자동응답 목소리는 말한다. 지금 끊어? 고지가 가까이 있는데. 몇 분 동안 당신은 더 기다려본다. 이와 같이 당신의 귀한 시간이 셀 수 없이 많은 이런 방식으로 투자되고 버려진다.

다른 예를 들어보자. 한 학생이 가지고 있는 오래된 차는 수리점에서 실린더 해드 실에 결점이 있으며, 그 비용은 1,000달러라는 말을 듣는다. 며칠 동안 차는 기어 박스에 문제가 생기기전 까지 잘 작동하여 운전하는데 불편이 없었다. 그러나 추가적으로 학생은 수리비용이 1,000달러가 더 들 것이라고 수리 공장으로부터 연락 받았다. 하지만 수리공은 너무 고장이나 기어박스를 고칠 필요가 없다고 돈을 투자하지 말라고 조언했다. 분명 새 차를 사는 것이 현명할 것이다. 하지만 투입된 비용 때문에 차를 고치기로 학생은 결정했다. 결국 학생은 1,000달러를 고물차에 더 투자하였다. 만약 그가 그의 차를 폐차하기로 결정했다면 그것은 낭비가 아닐지도 모른다.

결국 학생의 투자는 운이 좋지 않았다는 것으로 밝혀졌고, 이것은 마치 투자자가 투자한 주식가격이 지속적으로 하락하는 것과 같은 의미이다. 얼마 후에 그의 차가 또 고장이 나게 되어 다시 손실이 발생힌 상황에 치히게 되면, 그는 위험감수자가 되고 계속해서 수리비용을 지불할 것이다. 처분효과 상황에서 매몰비용과 비교하면 더욱 관계기 명확해진다. 회수할 수 없는 특정한 상황에서의 과거"투입된"비용이 바로 매몰비용이다. 위의 사례에서 1,000달러의 만회가 불가능한 수리비용이 매몰비용이나, 처분효과의 의미에서는 매수 아래로 가격이 하락하는 것이 매몰비용이며, 불행하게도 이 또한 회복 불가능하다. 그러므로 손실에 대한 위험추구적인 부분에서는 매몰비용효과와 처분효과는 일치한다. 투자를 하는 많은 사람들은 자신이 손실 구간에 있더라도 정리를 하지 않고 오히려 돈을 더 투자하며 고수 하려는 경향이 있다. 다른 경우 예를 들어 보자.

우리는 투자자들의 심리적 조사를 인터넷을 통해 진행하는 중에 다음과 같은 이메일을 받았다. 현재 투자한 돈이 주식시장에서 하락세에 있다. 이 모두는 처음의 손실을 회복하기 위한 노력 이였다. 나는 지금 나의 주식으로 무엇을 할 수 있을까? 나의 투자 펀드가 손실이 되어 실제적으로 −50%가 되면서 망연자실 하게 되었다. 현재의 불행한 상황은 나에게 희망이 없는 것인가? 손실을 어떻게 조정할 수 있을까? 빠르게 많은 돈을 버는 것이 나의 처음 투자의 목적이었다. 지금은 처음 투자의 목적을 어떻게 하는지 정확하게 알고 있지만 가장 우선적인 것은 내가 처음상황으로 돌아가는 것이다. 나에게 조언을 해 줄 수 있는가? 이와 같은 상황은 손실에서의 매몰비용효과에서 사람들은 초조해지고 위험추구적으로 빨리 손실을 만회하려는 경향을 보여준다.

많은 기업가들은 같은 경험을 하게 된다. 누군가 12개월 후에 끝나는 어떤 프로젝트에 100만 달러를 투자했는데 기대한 만큼의 수익을 내지 못하였다. 이익에 대해 위험회피적인성향을 나타낸 때 이른 매도가 손실을 초래 한 것이다. 기업가가 돈을 주고 고용한 외부의 전문가는 추가적으로 50만 달러를 투자 한다면 전혀 가망이 없는 것은 아니라고 결론을 내렸다. 대부분의 사람들은 이익을 얻기 위해서

가 아니고, 처음의 손실을 만회하기 위해 이 조언을 따를 것이다. 하지만 기존의 프로젝트를 중단하고 보다 수익성 있는 프로젝트에 새롭게 돈과 시간을 투자하는 것이 더욱 이성적일지도 모른다.

사람들이 자신의 실패가 빨리 예측이 되더라도 성공적이지 못한 프로젝트에 오랜 시간을 불균형하게 투자하는 원인이 매몰비용효과이기도 하다. 이것은 때론 성공하거나 반면에 보다 큰 규모에서 실패로 일어난다.(Beeler and Hunton 1997): 초기 단계에서 그러한 투기심을 포기하는 것이 힘든 일이라는 것을 많은 사람들도 알고 있다. 외환딜러들이 때때로 손실 구간에서 길을 잃은 전략적 포지션을 만드는 것과 유사하다고 할 수 있다. 그의 많은 부하직원들은 그의 성공과 실패를 따라가게 된다.

그러므로 매몰비용 효과로 인하여 특별히 책임이 무거운 위치에 있는 사람들이 결과의 희생자로 떨어지는 경향은 놀라운 사실이 아니다. 그가 자신의 직원 앞에서 외환딜러가 실수하지 않기 바라는 것은 이해할만 하지만, 이러한 행동은 그의 부서 성공에 치명적인 결과를 오랫동안 가져오게 되기도 한다. 그의 행동은 외환딜러로서 모범이 될 수 있기 때문에 그의 직원들 몇몇에 의해 추종된다. 원칙적으로 손실의 발생을 허락하는 것이 원리원칙이 될 수도 있다. 하지만 매몰비용 효과는 때로는 황폐한 결과를 초래할 수도 있다. 오래 지속된 전쟁은 베트남 전쟁과 같이 그 내부에 이미 많은 것들이 투입되어 있었고, 그 희생들은 헛되었음을 나중에 알게 되는 것처럼 말이다.

이익이 증가함에 따라 민감도의 감소에 의해 평가손실이 발생될 것이라는 예를 보자. 동시에 3가지 모험적 사업에 투자를 하고 있는 사업가가 있다. 첫 번째 사업은 매몰비용으로 1,000달러의 손실을 입고 있다. 두 번째 사업은 손실 또는 이익의 징후가 보이지 않는다. 세 번째 사업은 1,000달러의 이익을 내고 있다고 하자.

세 가지 프로젝트 중에서 어느 것을 우선적으로 적용할까. 일정하게 주어진 노력(14일간의 기간 동안 힘들게 일해서)하에 3가지 경우 모두 정확히 1,500달러의 이익을 가져온다면 어떤 투자가 좋은 것인가?

투자 의사결정은 프로젝트로부터 달성될 수 있는 각개인의 주관적 증분가치에 기초한다. 감소하는 민감도를 따라서 추가적인 1,500달러는 큰 결과로 간주되지 않고 이 때문에 이익프로젝트에서 가치의 증가가 가장 작다고 할 수 있다. 중립적인 프로젝트(neutral project)에서 증분가치는 더 크게 나타난다. 이는 매수하는 시점 즉, 준거점에서 민감도가 가파르게 나타나 이익구간의 기준점 주변에서 여전히 높은 민감도가 나타나기 때문이다. 민간도가치의 증가는 손실구간에서 오히려 더 높다. 이는 자신의 자산에 대해 민감도 감소가 손실프로젝트를 끝내지 않고, 그곳에 계속 재투자하려는 경향을 보여주기 때문이다.

7) 현상유지 효과(status quo effect)

우리는 민감도가 감소하는 특정 기준점에서 어떻게 의사결정 행동에 영향을 주는지 보여주었다. 현상유지는 언제나 최근의 부가 증가될 때 상대적 이익이 지각되는 반면, 부가 감소하는 시점에서 상대적 손실이 인지된다고 가정했다. 따라서 최근의 현상유지(current status quo) 시점에서 기준점이 결정된다.

그러나 이러한 현상유지 효과는 투자자들의 투자만족도에 의해 현상유지의 시점이 바뀌게 된다.

예를 들어보자. 50유로의 주식을 취득한 투자자가 있다. 그 투자자는 투자가 성공적이어서 12개월 후에 시세는 150유로가 되었다고 가정하자. 비록 주식을 매도하는 것에 대해 투자자가 신중하게 고려했을지라도 그는 그 위치를 계속 유지하려 한다. 그리고 현재 기준점이 150유로에 있으므로 투자자는 주식을 매도하지 않는다. 따라서 주식을 매도하는 것은 이 점에 대해서 상대적으로 이익과 손실의 기준점이 된다. 결국 주식 가격이 계속 하락하여 70유로의 가격에 도달했을 때 더 이상 참지 못하고 주식을 매도하면서 그는 현상유지 기준점을 바꿔서 스스로 위안을 한다. 자신을 승리자라고 생각하기 위해 그의 오래된 기준점으로 50유로의 매수가격을 떠올리고 20유로를 결국 벌었다고 생각한다.

즉, 하나의 기준점을 정의하는 것이 힘들다는 것을 이번 예를 통하여 알 수 있었다. 그러므로 잠재적인 몇몇의 기준점들이 존재한다. 그들의 기준점으로서의 유효성은 최근가격이 문제가 될수록 낮아질 것이며, 스스로의 안도를 위한 평가를 위해 머지않아 사용될 것이다.

한편 개인적 특성에 따라 기준점 선택이 영향을 받는 다는 것은 분명하다. 앞의 예에서 묘사한 투자자는 그 자신이 쾌락적 구조(hcdonic framing)를 통해 만족간을 창조할 수 있는 긍정적인 성향을 가진 사람이었다. 하지만 150유로의 최고가에 정신을 빼앗겨 일정기간동안 상대저 손실에 지면할 비관적인 사람들두 존재할 것이다.

기준점을 식별하는 것은 언제나 쉽지 않다. 동시에, 우리는 검토하기 쉬운 요인들을 잊어서는 안 된다. 예를 들어 한 투자자가 안전한 투자로 벌어들일 수 있는 이익이 자신이 높은 위험주로 성취한 이익보다 크다면 이 차이를 상대적 손실로 간주할 것이다. 그가 시장 지수보다 좋지 못한 성적을 냈을 때 펀드매니저는 상대적 손실이라 말할 것이다. 비슷한 맥락으로, 기업가는 같은 부문의 회사들의 이익과 비교하여 자신의 이익이 작다면, 그 이익을 상대적 손실로 인지할 것이다. 따라서 기준점을 결정하는데 기대 또한 영향을 미친다.

기준점에 비슷한 방법으로 영향을 주는 것으로 계획과 회사의 목표도 있다. 우리가 오래된 차를 새로운 차로 바꾸기를 원할 때 첫 번째 자동차 판매원을 만나기 전 새차의 구입비용과 자금조달 방법에 대해 생각해 본다. 그들의 현재 부의 상태에 기초되는 것은 계획된 지출에 관련된 것이므로 실제 비용의 평가는 부의상태에 따라 영향을 준다. 차가 생각했던 것보다 저렴하다면 상대적 이익이라고 기뻐할 것이고, 생각한 가격보다 비싸다면 상대적 손실로 인지하게 될 것이다.

당신은 차를 사기 전, 즉 매수 계획을 세우기 위해 충분한 정보를 모아야 한다. 사람들은 새차의 구입과 같이 중요한 결정을 할 때, 과거의 경험(최근 차의 매수가격)을 비추어보고, 경쟁사들로부터의 제안을 고려해본다. 이것을 심리학 용어로, 사람들이 의사결정 상황에 직면하기 전에 어떠한 자극이 경우에 따라 가격에 노출되어 있다고 한다. 만약 모든 자극이 같은 수준에 위치해있다면 기준점은 특정 수준에 의해 결정되어진다고 우리는 가정한다. 하지만, 사람들이 서로 다른 자극 수준에 노출되어 있다면 기준점은 자극 범위로부터 중간 가치의 형태를 취한다. 이 자극들의 순서 또한 당연히 중요하

다.(Lim 1995)

두드러진 점은 어떤 감각에서 "중립적" 또는 "정상적"으로 간주되는 가치를 나타내는 기준점이다. 개인들이 정상적으로 생각하는 자극은 "정상성"에 영향을 주는 계획 또는 기대에 의존할 뿐만 아니라 최근의 현상유지(status quo)에도 의존한다.

합리적인 의사결정자가 결정시에는 50% 기회와 50%의 위험으로 평가한다고 가정한다. 그러나 이러한 결정이 항상 성립되는 것은 아니며, 의사결정에는 아주 다른 가능성의 크기도 포함된다. 이는 민감도가 기준점으로부터 멀어질수록 감소하는 현상 때문임에 나타는 현상이다. 의사 결정자의 계획, 기대가 더 이상 개인의 상황과 가능성을 추정할 때 민감도에 영향을 주지 않는다. 자연스레 이익에 대해 100%인 또는 손실에 대해 0%인 위치에 서있다(Tversky and Kahneman 1992). 왜냐하면 가능한 이익은 손실보다는 절대적으로 확실히 발생해야 하기 때문이다. 즉, 의사결정자는 의식적으로 100%에서 99%로 또는 0에서 1%로의 가능성의 변화를 기록할 것이며, 그에 반해 43%에서 44%의 가능성의 변화는 대부분 간과할 것이다.

5. Behavioral Finance의 이론적 배경

실증분석에 앞서, 본 저서는 모형에 대한 기본적인 이론적 메커니즘을 살펴본다. 본 연구방법의 모형이 되는 처분효과는 전망 이론을 메커니즘으로, 과신감 이론은 과도한 자신감에 대한 인간의 속성을 기본적 메커니즘으로 하고 있다. 즉 인간의 속성은 투자의사결정 시 비대칭적 투자성향과 과도한 자신감을 가지고 있다. 이러한 속성은 행동재무론이라는 학문분야에서 연구가 활발히 진행되고 있다. 행동재무론은 1980년대 중반 이후부터 전통적 재무이론으로 설명되지 않는 시장의 이상현상을 밝히는 연구로 시작하여 1990년 이후부터는 개인들이 범하는 투자의사결정의 체계적 오류에 대한 연구로 발전해 오고 있다.

이러한 관점에서 본 저서는 처분효과와 과신감 이론의 기존 연구를 고찰하기 위한 이론적 배경인 행동재무론에 대해서 우선 살펴보고, 다음으로 처분효과와 과신감 이론에 관한 기존 연구를 고찰하고자 한다.

Olsen(1998)은 행동재무론을 "인간의 투자행위 이해와 심리적 메커니즘을 재무적으로 판단하는 데 중요한 요인"이라고 정의하였다. 즉 기존 재무학에서 벗어난 비합리적 현상을 연구하는 재무의 새로운 패러다임이라고 정의한 것이다. 기존의 정통 재무이론으로는 설명되지 않는 이상현상들이 나타나는 원인들 중에 한 요인이 인간의 지속적이고 체계적인 인지행위적 오류에 기인한다고 보고 이러한 현상을 인간의 심리적 측면에서 연구하는 학문분야이다.

또한, Ritter(2003)[34]는 행동재무론이란 '인지심리학과 재정거래의 한계'라고 하면서 이 두 가지에 대한 연구 분야라고 하였고, 사람들이 체계적 오류를 자주 경험하는 이유가 인지심리학에 있다고 주장하였다.

---

34) Ritter, J. R., "Behavioral Finance", *Pacific~Basin Finance Journal*, (November 2003), pp.429~437.

행동재무론은 투자자들이 오인된 신념을 갖는 현상이거나 비이성적 시장현상에 대한 연구모델을 사용하고 있는데, 이 모델은 심리학에서의 판단과 인지의 오류 개념을 그 기반으로 하고 있다. 여기에는 과도한 낙관(Over - optimism), 과도한 자신감(Overconfidence), 인지부조화(Cognitive dissonance), 확인오류(Confirmation bias), 유지오류(Conservatism bias), 근거 찾기(Anchoring), 손실 회피(Loss Aversion), 심적 계산(Mental Accounting), 선호 역전(Preference Reversal), 대표성 임의부여(Representativeness Heuristics), 과잉 · 과소반응(Over & Underreaction), 군집 행동(Herd Behavior) 등 많은 심리적 요인이 내포되어 있다. 심리적 요인에 대해서 설명하기 전에 먼저, 행동재무론의 이론적 배경인 비효율적 시장과 효율적 시장에 대해서 살펴보도록 한다.

(1) 선호 역전 (Preference Reversal)

선호 역전현상은 Lichtenstein and Slovic(1971)[35]이 처음 체계적으로 소개한 후 많은 연구자들의 관심을 끌어 왔다. 이 현상은 기대효용이론으로 대표되는 선호의 안정성과 일관성을 가정하는 의사결정의 규범적 이론에 위배되기 때문이다. 의사결정의 규범적 이론에서는 사람들의 선호를 안정적이며 잘 정리되어 있는 것으로 가정하며 그 결과 사람들의 선택행동은 선호를 표현하는 절차나 대안들의

---

35) Lichtenstein, S. and Paul Slovic, "Reversal of Preference Between Bids and Choices in Gambling Decisions", *Journal of Experimental Psychology*, 89, (1971), pp.46~55.

표현 방식과 구성 등에 영향을 받지 않는다고 본다. 그러나 실제 사람들의 선택행동은 이런 요인들의 영향을 받는 것으로 나타나며 많은 연구들이 선호 역전을 설명하는 이론을 제시해 왔다.

한편, Tversky et al(1988)[36]은 평가과업이 선택이냐 가격이냐에 따라 대안에 대한 선호가 달라진다고 주장하였다. 이들은 피험자들에게 두 개의 대안이 있는 어떤 상황을 제시하고 그중 하나를 선택하게 하거나, 대안의 속성에 대한 일부 정보를 빼놓은 상태에서 두 대안이 동등하게 되도록 빠진 정보를 맞추어 넣게 하였다. 실험결과, 대안의 두 속성 중 더 중요하다고 생각되는 속성(현저한 속성)에 가중치가 부여되면서 현저한 속성에서 우월한 대안이 선택과업에서 더 선호되는 현상이 나타났다.

또한, Nowlis and Simonson(1997)[37]은 적합성의 원칙을 선택과 평점이라는 평가과업을 통해 보여 준다. 이들은 평가과업을 두 대안 가운데 원하는 것을 선택하는 경우와 개별 대안에 대해 구매가능성 점수를 주는(purchase likelihood rating) 경우로 나누고, 대안의 속성은 비교가 용이한 속성과 질적으로 풍부한 속성으로 구분하였다. 비교가 용이한 속성은 선택과업에 적합한 반면, 질적으로 풍부한 속성은 구매가능성을 매기는 평점과업에 더 적합하다. 즉 과업에 따라 더 적합한 속성이 달라짐으로써 선호 역전이 일어나게 된다.

소비자 선호 역전에 관한 기존 연구들이 대부분 평가과업에 따른

---

36) Tversky, A., S. Sattath and P. Slovic, "Contingent Weighting in Judgment and Choice", *Psychological Review*, 95, (1988), pp.371~384.

37) Nowlis, Stephen M. and Itamar Simonson(1997), "Attribute - Task Com - patibility as a Determinant of Consumer Preference Reversals", *Journal of Marketing Research*, pp.205~218.

역전현상을 보여 주었던 것에 비해, Bazerman et al.(1992)[38]와 Ritov and Kahneman(1997)[39]는 평가모드에 따른 선호 역전을 연구하였다.

이상의 연구들은 대개 심리학이나 미시경제학, 소비자 의사결정론의 관점에서 연구가 이루어져 왔으며 재무행동분야에서는 이러한 전망 이론, 선호 역전현상이 어떤 변수에 의해 일어나는지에 대한 연구가 부족한 실정이다. 재무행동분야의 국내 연구들은 군집행동에 관한 내용이 대부분인데, 군집행동의 이론적 개념 중 한 분야가 대표성 임의부여이다.

(2) 대표성 임의부여(Representativeness Heuristics)

대표성 임의부여란, 사전적 정의로 사람들이 시도와 실수에 의해서 스스로 발견하는 과정을 뜻한다. Shefrin(2000)[40]은 시도와 실수가 종종 사람들을 발전시켜 왔지만, 이런 과정은 또 다른 실수를 가져올 수 있다고 말한다. 또한, 의문의 대답 또는 성과 개선을 위한 실질적 노력과 경험을 사용하는 것이라고 정의했다. 대표성 임의부여의 예를 들면, 연구조사자들이 일반인들에게 설문조사를 통해 정치인과 판매원들을 구별하라는 조사를 하였다. 판매원과 정치인들은

---

38) 두 대안을 동시에 비교하면서 평가하는 공동평가(joint evaluation)와 각각의 대안을 개별적으로 평가하는 분리평가(separate evaluation)에 따른 역전현상을 최초로 보여 수었나.

39) 평가모드에 따른 선호 역전을 규범 이론(Kahneman and Miller 1986)으로 설명했는데 이들의 이론은 주로 서로 다른 범주에 속한 대안을 평가할 때 평가모드에 따라 나타나는 선호 역전을 설명하는 데 유용하다.

40) Shefrin, Hersh, "Beyond Greed and Fear: Understanding Behavioral Finance and the Psychology of Investing", *Havard Business School Press*, (2000).

정치의 관심 정도를 대답하였다. 인구 통계적으로 판매원보다 정치인이 훨씬 적음에도 불구하고, 연구대상자들이 정치에 관심이 많다는 대답을 많이 한다면 판매원을 정치인일 것이라고 응답한 일반인들이 훨씬 많다는 연구 결과를 얻었다. 즉 인간은 확률적 통계와 상관없이 임의부여를 한다는 것이다.

금융시장의 의사결정자들이 선택에 있어서 많은 정보가 있다면, 그들은 더욱 복잡한 선택에 직면하게 된다. 이것은 불가피한 접근으로 말미암아 대표성 임의부여의 사용을 증가시키지만 이러한 의사결정을 항상 올바른 의사결정으로 볼 수는 없다고 말한다(Fromlet, 2001).[41] 그렇지만 때때로 비이성적 시장행위를 설명하는 데 있어 대표성 임의부여는 많은 도움을 줄 수도 있다. 이러한 대표성 임의부여와 연관되는 개념이 군집행동이다.

(3) 군집 행동(Herd Behavior)

개인들의 사고는 각기 서로 다르지만, 사고에 있어서 비슷한 규칙성이 있다. 군집행동은 규칙성을 이해하는 데 중요한 요인이다. 자기판단과 상관없이 개인들은 자기의사와 다른 판단을 할 수도 있다. 예를 들어, 한 사람이 집단 전체의 판단에 직면했을 경우, 자기 판단이 집단 판단과 다를 때에는 답을 회피하고 싶어 하는 경향이 있고 다른 사람들의 판단이 틀리지 않았을 거라고 소극적으로 생각할 수

---

41) Fromlet, Hubert, "Behavioral finance — Theory and Practical Application", *Business Economics*, Vol.36, Issue.3, (2001).

도 있다. 다른 사람들이 자기와 다른 판단에 놓이게 된다면, 다른 사람에 대한 정보에 대해 재반응을 하게 되는데, Shiller[42]는 이를 이성적 행위라고 한다.

투자군집행동에 관한 연구로는 최근 김선호(2000)[43]의 우리나라 증권시장에서 외국인투자자들의 투자행태를 분석한 저서가 있다. 분석 자료는 1995년 1월부터 1998년 12월까지의 데이터를 수집하였다. 결론적으로 외국인투자자들은 양성피드백전략[44]을 사용하고 있으며, 순매수비율이 높은 주식은 같은 시기에 주가도 오르는 동행현상이 있음이 관찰되었다. 또한, 외국인투자자들의 투자행태는 주가를 불안정하게 하는 요인이라는 결론을 도출하였다.

백용호와 차명준(1994)은 도박심리를 이용하여 주식투자행동에 대해 분석하였다. 이 연구에서 주식투자와 도박은 투기성이 강하고 개인의 심리적 상황과 사회적 여건이 주식투자패턴이나 도박성향에 영향을 미치는 공통점이 있다고 보았다. 투자분류는 빈도분석을 통해 적극적 투자자와 소극적 투자자로 분류하였고, 연구결과에 의하면, 투자자들은 장기보다 단기투자를 선호하며, 미수보다는 신용거래가 보다 효율적인 투자전략이라고 하였다.

이와는 달리 신의만(2000)[45]은 사이버 주식투자자의 투자행동에

---

42) Shiller, Robert, "Human Behavior and the Efficiency of the Financial System", *National Bureau of Economic Research Working Paper*, No. W6375, (1998).

43) 김선호, "외국인 투자자들의 양성피드백 투자전략 및 성과분석에 관한 실증적 연구", *금융연구* 15(1), (2000), pp.97~121.

44) 양성피드백전략이란 최근 일정기간 동안 오른 주식을 사고 내린 주식을 파는 주식투자전략을 말한다. 이에 대한 이론적 연구는 De Long, Shleifer, Summers(1990)를 참조.

45) 신의만, "사이버투자자와 투자정보시스템의 특성이 정보탐색과 투자행동에 미치는 영향", 동아대학교 대학원 박사학위논문, (2000).

영향을 미치는 요인에 대해서 분석하였다. 이 연구에서는 사이버 주식투자자의 개인 특성과 사이버 투자정보시스템의 특성이 사이버 주식투자자의 정보탐색과 투자행동에 영향을 미치는지 실증적으로 검증하였다. 연구결과, 사이버 주식투자자의 개인특성으로서 관여도, 성취지향성 및 모험성향은 정보탐색 시간과 횟수, 사이트 수에 통계적으로 유의적인 영향을 미치고, 정보탐색 수와 시간은 사이버 주식투자행동으로서 주식투자비율 및 주식투자빈도에 정(+)의 영향을 미치는 것으로 나타났다.

Choe, et al.,(2001)[46]는 주로 1997년도의 일일거래 자료를 이용하여 국내 투자자, 특히 개인투자자들이 외국인투자자들에 비해 더 유용한 투자정보를 갖고 있다는 증거를 발견하였다.

(4) 과잉 · 과소반응(Over & Underreaction), 과신감(Overconfidence)

Alexandros V. benos(1998),[47] **Barber and Odean(2000), Odean (1998a)**[48]은 투자자들의 주식거래 빈도가 높은 것은 과신감 때문이라고 주장하였다. 즉 그들은 너무 많은 거래를 하고 그리고 위험한

---

46) Choe hyuk, Bong - Chan Kho, and Rene M, Stulz, "Do domestic investors have more valuable information about individual stocks than foreign investors?" *NBER working paper*, No.8073. (2001).

47) Benos, Alexandros V. "Aggressiveness and Survival of Overconfident Traders", *Journal of Financial Markets*, 1(3~4), (1998), pp.353~383.

48) Odean, Terrance, "Volume, Volatility, Price, and Profit When All Traders Are Above Average", *Journal of Finance*, 53(6), (1998a), pp.1887~1934.

주식을 보유하지만, 정보에 대해서는 과소반응을 한다는 것이다. 과도한 거래는 주로 주식중개업자(broker)를 통해서 이루어지나, 과도한 투자자는 주식중개업자 의도와 상관없이 매매가 이루어지기도 한다고 주장하였다. 또한, **Gervais and Odean(2001)**[49]은 주식시장이 상승추세일 때가 하락추세일 때보다 투자자들은 많은 과신감을 갖고 자신의 능력을 과대평가한다고 주장하였다.

Daniel, et al.,(2001)[50]은 투자자들이 상승추세에서 과신감 때문에 주가에 대한 지각적 오류를 범한다고 주장했다. 즉 상승추세일 때, 주식의 내재가치를 과대평가한다는 것이다. 심리학자들은 대부분의 사람들이 일반적으로 자신의 능력에 대해서 과신감을 가진다고 보았고, **Jerome D. Frank(1935),**[51] **Lichtenstein, et al.,(1982)**[52]들은 주식의 선택은 어려운 과정이며, 엄밀히 말해, 주식거래 자체가 투자자들의 과신감을 보여 주는 것이라고 주장했다.

또한, **De Bondt and Thaler(1985)**[53]는 예상치 못한 극적인 뉴스 사건에 대해 사람들은 과민반응을 하는 경향이 있다고 하였다. 만약 주식시장에도 과민반응현상이 있다면, 이러한 현상은 효율적 시장에

---

49) Gervais, Simon and Terrance, Odean, "Leaning to be overconfident", *Review of Financial studies*, 53, (2001), pp.1~27.

50) Daniel, Kent, David, Hirshleifer, and Avanider, Subrahmanyam, "Overconfidence, arbitrage, and equilibrium asset pricing", *Journal of Finance*, 56, (2001), pp.921~965.

51) Frank, Jerome D. "Some Psychological Determinants of the Level of Aspiration", *American Journal of Psychology*, 47(2)(April 1935), pp.552~564.

52) Lichtenstein, Sarah, Fischhoff, Baruch, and Pillips, Lawrence, "Calibration of Probabilities: The State of the Art to 1980", *Cambridge University Press*, (1982), pp.300 334.

53) W. F. M. De Bont, and R. H. Thaler, "Does the Stock Market Overreaction?", *Journal of finance*, 40, (1985), pp.793~805.

반하는 비효율적 시장이며 어떤 심리현상과 깊은 관련이 있다고 주
장하였다.

Baberis, et al.,(1998)[54]는 최근 재무경험적 연구에서 두 가지 규
칙을 발견하였다. 이익 발표정보에 주가는 과소반응을 하고 좋은 또
는 나쁜 정보에 주가는 과민반응을 한다고 주장하였다. 과잉반응이
란 정보에 너무 민감한 반응을 하는 현상을 말하고, 과소반응이란
정보에 덜 민감하게 반응하는 현상을 말한다. 이러한 현상은 과신감
으로 설명될 수 있다고 주장(Daniel, et al., 1998;[55] Barberis, et
al., 1999[56])하였다.

Odean(1999)은 "개인투자자들이 너무 과도한 거래를 하지 않는
가?"라는 연구논문에서 과신감에 대한 문제를 제기하였다. 증권사를
통해 계좌를 수집하였고, 개인투자자들의 성과를 분석한 결과, 매수한
종목의 수익률은 시장조정수익률보다 적은 음(-)의 수익률이고, 매
도한 종목의 수익률은 시장조정수익률보다 많은 양(+)의 수익률임을
검증하였다. 그리고 시간이 경과함에 따라 매수수익률과 매도수익률
의 차이는 점점 커지는 것을 검증하였다. 또한 빈도거래가 많은 계좌
와 적은 계좌를 구분하여 성과측정을 한 결과, 거래빈도가 높은 계좌
일수록 매수수익률과 매도수익률의 차이가 적다는 것을 보여 줬다.

---

54) Baberis, Nicholas, and Schleifer, andrei, and Vishny, Robert, "A Model of
Sentiment", *Journal of Finance Economics*, 49, No.3, (1998), pp.307~343.

55) Representiveness bias 때문에 과잉·과소반응이 나타난다고 주장했고, 주가의 평균회귀
현상도 그 원인이라고 주장했다.

56) 공시정보와 개인정보가 상치되는 경우 과도한 자신감으로 어렵게 개인정보를 수집한 경우는
개인적인 정보를 우선한다고 주장하였다. 또한, 공시정보에 대해서는 과소반응을 한다고 주
장하였다.

(5) 전환 의도(Switching Intent)

최운열 등(2003)[57]의 연구에서는 대세상승장에서 개인투자자들이 대체종목 매수 시 투자의사를 결정하는 요인과 투자종목 선정 시 고려하는 요인을 분석하였다. 개인투자자의 대체종목 전환의도 및 고려요인에 대한 실증 분석 및 결과를 바탕으로 개인투자자의 합리적 투자의사결정에 영향을 미치는 변수를 규명하였고, 주식투자 전환의도에 대한 이론적 접근을 시도하였다. 표본의 선정과 자료수집방법론은 국내의 주식거래경험자를 대상으로, 대체주 전환의도의 결정요인을 규명하는 데 연구목적을 두었다. 이러한 목적달성을 위해 분석단위는 주식투자고객으로 선정하였다. 이 연구의 모집단은 2002년 5월 현재 전국의 주식투자고객이며, 시간과 예산상의 제약으로 실험표본은 모집단의 고객 중 서울에서 영업 중인 국내 증권사 고객으로 한정하였다. 2002년 5월 10일에서 30일까지 20일 동안 일대일 설문조사(400부)를 통해 조사한 결과, 총 312명이 응답하였으며, 이 중 불성실한 응답을 한 7부를 제외한 305부가 최종분석에 사용되었다. 설문지는 5점 리커트 척도로 작성되었다.

이 연구에서 채택한 각 변수의 조작적 정의와 측정은 다음과 같다. 먼저, 본 연구에서의 대세상승장이란 "2001년 10월에서 2002년 3월까지 우리나라 주식시장에서 주가지수가 상승을 지속한 6개월"로 조작적 정의를 내리고, 응답자에게 그 기간 동안의 투자경험에 입각하여 응답할 것을 요청하였다. 다음으로, 지수관련 대형주는 '주가지수

---

57) 최운열 · 지성구 · 정성훈, "대세상승장에서 개인투자자의 대체주 전환의도 결정요인", 경영학연구, (2003), 32(6), pp.1571~1592.

상승과 하락에 영향력이 매우 큰 주식'으로 대세 상승추세에서의 삼성전자, SK텔레콤, KT, 국민은행, 한국전력 등 시가총액 상위 10종목을 설문항목에서 제시하였다. 대체종목주는 '지수관련 대형주를 제외하고 실제 매수한 주식'으로 정의하고, 상위 10종목을 제외한 주식을 직접 기재하도록 하였다.

[표 2-1] 시가총액 상위 10종목

(2002년 3월 31일 기준)

순 위	종목명	종목비중(%)
1	삼성전자	20.7
2	SK텔레콤	9.5
3	KT	7.2
4	국민은행	6.5
5	한국전력	5.8
6	POSCO	4.8
7	현대차	3.4
8	LG전자	2.3
9	신한지주	1.9
10	삼성SDI	1.7

대체주 전환의도는 "지수관련 대형주를 고려종목에서 판단했음에도 불구하고 매수 시에는 대체주로 변경하고자 하는 의도"로 정의하고 2항목, 5점 척도로 측정하였다. 대체종목을 매수하는 데 영향을 미치는 의사결정요인으로는 편익/비용과 투자자 성향의 변수를 선정하였다.

먼저, 편익변수에서 지각된 대체종목 매력도는 "현재의 종목과 비교하여 최대로 기대되는 대체종목의 수준"이라고 정의하였다(조광행·임채운, 1999).

둘째, 비용변수로 지각된 대체종목의 위험도는 "현재의 종목과 비교하여 매수할 대체종목이 초래할 예기치 않은 결과에 대한 불안감의 수준"이라고 정의하였다.

셋째, 투자자의 개인성향변수로 성취지향성, 정보탐색욕구, 위험수용성향, 다양성추구성향을 선정하였다. 성취지향성은 "목표의 달성 및 능가하려는 욕구나 성공을 추구하는 정도"로 정의하였다(신의만 2000). 정보탐색욕구는 "투자자의 투자종목 정보에 대해 더 많은 것을 알고자 하는 의도적 노력의 정도"로 정의하였다.

위험수용성향은 "대체주 매수에 따른 위험을 감수하려는 경향"으로 정의하였고, 다양성추구성향은 "투자자가 시간이 경과함에 따라 선택집합에서 과거와는 다른 대안을 선택하는 행동"으로 정의하였다.

일반적 투자의사 고려요인으로 기업의 양적 요인에 속하는 재무제표분석, 기업의 질적 요인에 속하는 기업의 성장성, 산업 전망, 기업의 기술력분석, 기업 외적 경제요인에 속하는 경제상황, 외국인투자동향, 기관투자동향, 투자자의 주관적 가치에 속하는 주식장세와 루머/공시를 변수로 측정하였다. 이 변수는 기존 연구58)에 입각하여 본 연구에 적합하게 수정하여 9항목, 5점 리커트 척도(1 = '전혀 그렇지 않다', 5 = '매우 그렇다')로 측정하였다.

실증분석 결과, 대안매력도, 대안위험도, 위험성향, 정보탐색욕구는 대체주 전환의도에 유의한 영향을 미쳤고, 기업성장성, 기업기술 분석, 주식장세, 기관투자동향, 재무제표분석, 루머/공시 등이 대체주로 전환하려 할 경우 고려되는 것으로 나타났으며, 대세상승장에서 투

---

58) 이에 대한 이론적 연구는 Beaver, W. H. "The Information Content of Annual Earnings Announcement", Empirical Researching in Accounting: Selected Studies, Supplement to Journal in Accounting Research(1968), pp.63~70. 참조.

자자의 지수주 수익률과 대체주 수익률을 비교한 결과, 예상대로 지수주 수익률이 높게 나타났다.

지금까지 본 저서는 행동재무론과 관련된 용어와 개념, 그리고 저서들을 살펴보았다. 이 분야에 대한 연구는 1980년대부터 본격적으로 시작되었으나, 주식시장에서 중요한 비중을 차지하는 개인투자자들에 대해서는 1990년대 말부터 연구되기 시작했다. 그렇지만 국내연구는 아직 부족한 수준이라 향후 그 필요성이 증대될 것으로 보인다.

(6) 처분효과 연구

처분효과의 정의는 Shefrin, and Stateman(1985)으로부터 시작된다. 이들은 매수가격보다 높게 매도한 주식(gain)과 매수가격보다 낮게 매도한 주식(loss) 간의 경과시간(duration time)을 중심으로 한 시간적 개념으로 연구하였다. 이 연구는 최초로 처분효과를 정의하였다는 데 의의가 있을 뿐 처분효과에 대한 직접적인 증명을 제시하지는 못하였고 세금효과만으로는 처분효과를 설명할 수 없다는 수준의 검증만을 보여 줬다.

1) Odean의 연구

Odean(1998)[59]은 한 증권회사를 통해 수집한 10,000개 계좌의 거래내역을 분석하여 처분효과를 검증하였다.

---

59) Odean, Terrance, "Are Investors Reluctant to Realize Their Losses?" *Journal of Finance*, (1998), 3(5), pp.1775~1798.

그는 이러한 투자자들의 이익실현은 손실실현보다 강한 선호를 보여 준다며 처분효과가 나타남을 주장했다. 연구결과, 투자자들의 처분효과행위는 포트폴리오 재구성60)을 하고자 하는 의도에 의한 것은 아니라고 주장했다. 또한, 주식가격에 비해서 높은 거래비용61)을 피하기 위한 것도 아니었고 포트폴리오의 성과에 의해서 처분효과가 나타나지 않는다고 하였다. 다만, 세금62)에 관련된 투자로 처분효과가 발생했으며 세금에 의한 매도는 12월에 집중되고 있다고 주장했다.

각기 주식종목이 이익을 낸 것인지, 손실을 낸 것인지 알아보기 위해서 평균 매수가격과 각 종목의 매매가격을 비교하였다. 또한, 매일 포트폴리오구성종목에서 각 종목의 미실현이익과 미실현손실에 대해서 측정하였다. 미실현이익과 미실현손실은 매일 **CRSP**에서 얻은 가격정보를 바탕으로 평균매수가격과 비교하였다. 미실현이익은 가격의 종가와 비교해서 평균매수가격보다 높은 경우에는 이익으로, 반대의 경우에는 손실로 정하였다. 만약, 각 날짜에 아무런 매매가 없으면 실현이익, 실현손실, 미실현이익, 미실현손실에 아무런 변화가 없다.

두 비율의 계산방법은 다음과 같다.

$$실현이익의비율(PGR) = 실현이익 / (실현이익 + 미실현이익) - [식2-1]$$

$$실현손실의비율(PLR) = 실현손실 / (실현손실 + 미실현손실) - [식2-2]$$

---

60) 포트폴리오 재구성이라 함은 이익주식을 매도하고, 다른 주식을 매수함으로써 이익에 대해 위험 회피하는 성향을 말한다.

61) 미국의 주식거래비용은 우리나라의 주식거래비용과는 달리 주식가격에 따라 거래비용이 다르다.

62) 미국은 우리나라와는 달리 연말에 주식수익률과 연간 소득에 따라 세금을 납부한다. 예를 들어 투자자가 보유한 주식의 수익률이 12일에 ( )이면, 각각 투자자들의 소득 한도에 따라 세금 공제혜택을 받을 수 있다. 즉 12월 결산법인인 경우, 주식매도를 통해 이익을 적게 함으로써 세금효과를 거둘 수 있다.

이 연구결과는 개인투자자들의 투자행위를 보여 주고, 처분효과에 대해 이익이 발생했을 경우가 손실이 발생했을 경우보다 인식시점이 높다는 것을 밝히고 있다. 그러나 미국시장에 한정하여 조사했다는 점, 세금효과 때문에 처분효과가 발생한 것인지 세금이 없는 나라는 처분효과가 어떤 원인으로 발생하는지에 대해 검증하지 못했다.

2) Lakonishok and Smidt의 연구

Lakonishok and Smidt(1986)[63]는 투자자들이 손실종목을 보유하고 이익종목을 매도하는 전망 이론에 근거해서 가치함수가 영향을 받거나 혹은 부정확한 평균회귀가격의 기대치에 의해서 동기를 부여받는 것이라고 주장하였다. 그들은 가격이 상승한 거래량과 가격이 하락한 거래량을 비교하여 매도한 주식 중 이익을 보고 매도한 주식의 %와 손실을 보고 매도한 주식의 %를 비교하는 양적인 개념으로 분석하였다. 또한, 투자자들이 손실종목을 보유하고 이익종목을 매도하는 것에는 합리적인 이유가 있다고 주장하였다. 첫째, 투자자들은 포트폴리오의 다양성을 추구하기 위해 적정주식을 매도함으로써, 큰 가격변동의 위험을 줄이는 목적으로 처분효과가 나타난다고 하였다. 둘째, 우호적인 정보에 의해서 주식을 매수한 투자자들은 가격이 올라가면 주식을 매도하고, 반대로 주식가격이 하락하면 주식가격에 자신의 정보가 아직까지 반영되지 않았다고 주장했다. 거래비용은 저가의 주식에 대해서 높은 편이고 손실을 보는 종목은 이익을 보는

---

63) Lakonishok, Josef and Seymour Smidt, "Volume for winners and losers: Taxation and other motives for stock trading", *Journal of Finance*, (1986), 41, pp.951~974.

종목에 비해서 대체로 가격이 낮기 때문에, 투자자들은 손실을 보는 종목을 매도함으로써 높은 거래비용을 피하려 한다고 주장하였다. 그러나 이익주와 손실주의 현실화에 대해서는 전체 시장에서 일어나는 거래량이나 회전율로 증명하였다. 그 결과, 이익주가 손실주보다 더 높은 회전율을 보인다는 것을 검증하였다. 그러나 12월과 1월 회전율은 평균적인 다른 달들과는 달리, 세금 때문에 기인한다고 주장하였다. 즉 12월에는 손실주가 높은 회전율을, 1월에는 이익주가 높은 회전율을 보이는 현상은 세금 때문이라는 것이다. 그러나 이들 저서의 연구결과는 처분효과뿐 아니라 다른 가설로도 충분히 설명할 수 있다는 것이다. 예를 들어, 세금감면매도가설(tax - loss selling hypothesis)과 같은 것들이 그것이다. 더군다나 이런 시장데이터는 개인투자자의 투자행동에 대해 어떤 직접적인 증거도 보여 주지 못하는 한계점을 갖고 있다.

3) Harris의 연구

Harris(1988)[64]는 증권시장 자료를 바탕으로 연구하였고, 지속적으로 이익을 보는 종목은 손실을 보는 종목보다 빈번하게 매도된다고 주장했다. 비록 투자자들이 합리적이든, 비합리적이든 이익종목을 매도하고 손실종목을 보유하는 것을 선호한다고 주장했다. 이러한 행동은 전망 이론뿐만 아니라 그들의 잘못된 믿음, 즉 그들의 이익종목과 손실종목이 곧 서로 전환될 것이라는 기대에 기인한다고 주

---

64) Harris, Lawrence, "Discussion of predicting contemporary volume with historic volume at differential price levels: Evidence supporting the disposition effect", *Journal of Finance*, (1988), 43, pp.473~506.

장하였다.

4) Weber and Camerer의 연구

Weber and Camerer(1998)[65]는 실험연구방법을 통해서 처분효과
가 나타나는지 검증하였다. 분석방법은 Lakonishok and Smidt와 마
찬가지로 양적인 개념을 선택하였다. 연구대상자들에게 6개의 위험
자산을 주었고, 어떻게 매수·매도하는지를 살펴보았다. 투자금액은
가상적인 1,000DM이고, 가격은 무작위로 제시되었다. 연구기간이
끝난 후, 연구자들은 연구대상자들에게 남은 금액의 0.1%를 지급하
기로 하였다. 그 결과, 이익주는 손실주보다 매도빈도가 높음을 보여
줌으로써 처분효과를 검증하였다. 즉 가격변화크기와 주식거래량 간
에 상관관계가 있음을 보여 줬다.

5) Ferris, Haugen and Makhija의 연구

Ferris, et al.,(1988)은 미국주식시장에서 가격의 변화를 구분하고
거래량과 회전율을 비교하여 연구하였다. 이들도 다른 연구자들과
마찬가지로 가격과 거래량으로 비교하는 양적인 개념으로 분석하였
다. 30개의 종목에 대해 가격변화에 따른 현재 거래량과 과거 거래
량을 비교·분석하였다. 연구결과, 현재 거래량은 현재 주식가격보다
이전 주식가격이 높았던 경우에 이전 거래량과 반대적으로 나타났고,

---

65) Weber, Martin and Colin F. Camerer(1998), "The disposition effect in securities trading: an experimental analysis", *Journal of Economic Behavior & Organization*, vol.33, pp.167~184.

현재 가격보다 이전 가격이 낮을 경우 현재 거래량과 이전 거래량이 같은 방향으로 나타남을 보여 주었다. 그러나 이 저서는 직접적으로 처분효과를 충분히 설명할 수 없는 한계점을 갖고 있다.

Odean(1998)의 연구를 제외한 위 선행연구들의 공통점은 양적 개념을 바탕으로 방법론을 사용하여 이익주와 손실주의 거래량을 중심으로 검증하였다는 것이다. 반면, Odean은 오랜 기간 동안 개인의 계좌데이터를 이용하여, 미실현손익까지 포함한 질적인 개념으로 정확히 측정을 하려고 노력하였다. 왜냐하면 기존 양적 개념의 측정을 그대로 이용할 경우, 상승추세에서는 이익주의 절대량이 많게 되고 하락추세에서는 손실주의 절대량이 많기에 단순히 매도주식 중에서 손실주와 이익주의 비중을 살피는 것은 잘못된 측정방법이 되기 때문이다. 따라서 본 저서에서는 Odean의 모형을 이용하여 한국시장의 처분효과를 분석하였다. 또한, Odean의 모형과는 달리 추가적으로 금액기준의 처분효과, 최대잠재이익비율, 최대잠재손실비율을 연구하였다.

(7) 과도한 자신감 연구

과신감 이론은 투자자들이 합리적 투자자이든, 비합리적 투자자이든 과도한 자신감에 따른 인지의 편의[66]가 나타나는지에 연구초점을 맞추고 있다. 과신감은 과도한 거래를 통해서 야기되고, 이로 인한

---

[66] 인간의 정보처리나 추론 능력은 유감스럽게도 상당히 한정되어 있다. 이러한 한정된 능력, 정보, 시간 속에서 각종 문제를 처리하기 위하여 논리적으로 완전치 못한 일종의 간편법적 정보처리가 때때로 사용되고 있다. 이러한 간편법적 정보처리가 초래한 주된 확률적인 판단이 인지의 편의라고 주장했다(Tversky, Bell and Raiffa 1982).

투자자들의 손실이 증가된다는 연구들이 현재까지 진행되어 왔다. 이런 과도한 자신감은 주식시장의 주식투자행동에서 종종 나타나고 있다. 물론, 다른 이유에서도 주식종목을 매도하고 매수하는 경우가 자주 나타나고 있다. 예를 들어, 투자자들은 보유종목에 대한 포트폴리오의 재구성이든지, 배당차익이든지, 세금효과이든지, 아니면 시세차익에 의해서 거래할 수도 있다. 그렇지만 그런 이유만으로 주식시장에서 일어나는 모든 매매가 모두 이성적인 매매패턴이라고 볼 수는 없다. 때로는 주식매매를 선택하는 것이 비이성적 행위에 의해서 결정되고, 주식전환에 따른 매매가 개인손익에 잘못 영향을 미친다는 선행연구는 **Odean(1999)**에 의해서 검증되었다. 어쨌든 주식매매행위에 대해, 과신감에 따른 과도한 주식거래가 부를 감소시키고 있다는 주장들이 최근에 많이 연구되고 있다.

1) Odean의 연구

Odean(1999)[67]의 연구는 손실을 본 계좌의 투자자들이 거래비용을 초과할 만큼의 거래이익을 보았는지를 검증한 것이다. 연구결과, 이러한 투자자들은 거래비용을 충분히 만회할 만한 거래를 하지 못하였을 뿐만 아니라, 평균적으로 충분히 이익을 낼 수 없는 주식을 매수하고 매도했다는 것이다. 이것은 유동성 위험, 세금에 의한 손실, 포트폴리오의 재구성 혹은 시세 차익으로 발생하는 특별한 경우라고 볼 수도 없다.

Odean은 정보를 잘못 해석하여 투자했을 가능성이 있다고 주장하였

---

67) Odean, Terrance, "Do Investors Trade Too Much?" *American Economic Review,*
   (1999), 89(5), pp.1279~1298.

고, 또한, 단순히 투자자들이 정보정확성을 잘못 해석해서 손실이 발생하는 것은 아니라고 하였다. 이 연구의 자료는 개인투자자의 계좌를 증권회사로부터 수집했다. 분석 자료는 1987년 10,000개의 계좌에서 무작위로 선택되었다(최소한 1년에 한 번의 거래). 자료는 거래 파일, CUSIP(Committee on Uniform Securities Identification Procedures)의 증권번호 파일, 위치파일 등 세 가지 파일로 이루어졌다.

Odean은 과도한 자신감을 검증하기 위해, 투자자들이 주식거래를 통해서 충분히 거래비용을 지불하였는지 분석하였다. 또한, 정보해석에서 오는 편의를 검증하기 위해서 거래비용을 무시할 때, 투자자들이 충분한 이익을 내지 못하는 거래를 하는지 알아보았다. 분석방법은 거래 이후 4개월(84거래일), 1년(252거래일), 2년(504거래일)의 수익률 곡선을 살펴보았고, 수익률은 CRSP의 일일수익률 파일에서 수집하였다. 매도한 주식의 평균수익률을 구하기 위해서 매수 이후의 기간인 T(84, 252, 504)와 각각 매도한 거래 i(i = 1부터 N까지)를 이용해서 계산했다. 각각의 거래는 주식 J로 이루어졌고, 기간은 t와 i를 사용했다. 만약, 같은 주식이 다른 계좌에서 같은 날 거래가 이루어지면, 각각의 거래는 분리된 거래로 보았다. 매수한 주식의 T 기간 동안의 평균수익률은 다음과 같이 표현된다.

$$R_{P,T} = \frac{1}{N}\sum_{i=1}^{N}\left[\prod_{\tau=1}^{T}\left(1+R_{J_i,t_i+\tau}\right)-1\right] \quad - [식2-3]$$

=1일부터 T일까지의 포트폴리오 P에 대한 평균수익률

=T일 날에 주식J에 대한 일별수익률

Odean은 이미 매수했거나 매도한 주식에 대해서 어떤 매매형태를 보이는지 실제 자료를 통해서 찾고자 하였다.

이 연구는 주식시장에서 개인투자자(이 연구의 투자자는 증권사 계좌를 가지고 있는 투자자)의 과도한 거래량에 대해서 다음과 같이 고찰하였다. 투자자들은 평균적으로 과도한 매매로 인한 투자이익의 감소를 가져왔고, 이로 인해 과도한 거래가 과신감 때문에 발생했음을 검증하였다. 연구결과, 과도한 자신감을 가진 투자자들은 충분한 기대이익이 거래로부터 발생하지 않는 경우에도 주식거래를 하였다고 주장했다. 사실 거래비용이 무시될 때도, 투자자들은 거래를 통해서 이익을 감소시켰다. 그렇지만 이러한 결과를 과도한 자신감만으로 예측하기에는 무리한 주장이라고 하였고, 그렇다고 해서 처분효과가 포트폴리오 재구성의 목적에 의한 것도 아니라고 하였다. 단지, 투자자들은 어떤 이유에서든 매매행위가 잘못된 것은 분명하다고 주장하였고, 과신감으로 인한 주식투자행위가 부분적인 요인이라고 하였다.

또한, 투자자들의 매수·매도 전후 수익형태에 대해서도 분석하였다. 투자자들은 매도한 주식에 비해서 매수한 주식에 대해서는 이전 6개월 동안에 하락한 주식에 대해서 매수하려 한다고 주장했고, 투자자들은 평균적으로 한 주 동안에 급격하게 오르는 주식을 매도하고, 이전 손실종목보다 이전 이익종목을 매도한다고 검증하였다.

2) Barber and Odean의 연구

Barber and Odean(2001)[68]은 과신감을 갖는 투자자들은 이성적

68) Baber and Odean, "Boys will be boys: Gender, Overconfidence, and Common Stock Investment", *Quarterly Journal of Economics*, February(2001), Vol.116, No.1,

투자자들보다 많은 거래를 한다고 주장하였다. 그들은 심리학 분야에서 증명한 남자가 여자보다 많은 과신감을 가진다는 이론을 주식시장에 적용하였다. 증권사로부터 1991년부터 1997년까지 남성투자자와 여성투자자들의 주식거래를 통해 분석하였고, 35,000가구를 대상으로 개인투자자들의 증권계좌를 수집하였다. 연구결과, 남성투자자들이 여성투자자들보다 45% 더 많은 거래를 하였고, 거래로 인한 순이익은 여성투자자가 남성투자자들보다 많은 것으로 나타났다. 결국, 거래가 많을수록 주식투자에 부(-)의 영향을 미친다고 주장하였다.

3) Gervais and Odean의 연구

Gervais and Odean(2001)은 투자자들의 능력에 대해 학습하는 과정과 이런 학습의 편의가 어떻게 과신감을 가지는 투자자들을 만들어 내는지에 대해서 연구하였다. 본 연구모델에서 적용된 최초 투자자들은 자신의 능력을 알지 못한다고 하였고, 투자자들은 주식투자의 성공과 실패로부터 능력을 알아낸다고 하였다. 이 연구에서 투자자들은 너무 과도한 자신감으로 그들 자신의 성공에 대해서 믿고 있고, 이런 과정을 통해서 과도한 자신감을 갖게 된다고 주장하였다. 또한, 투자자들은 과신감의 기대수준이 그들의 경험에 비해서 경험이 낮을수록 증가하며, 많은 경험은 그들 자신의 능력을 인지한다고 주장하였다. 이러한 과신감은 기대가격, 가격변동성, 기대이익, 거래량패턴을 이용하여 분석하였다.

---

pp.261~292.

4) 기타 연구

Odean(1998)의 연구에서 인간은 능력, 지식, 미래예측에 대해 과
신감을 가지고 있으며, 과신감 있는 투자자는 이성적 투자자보다 많
은 거래를 하고, 낮은 기대효용을 갖는다고 주장하였다. 또한, 과신
감은 자기 자신에 대한 과도한 확신 때문에 다른 사람의 의견에 상
관없이 주식거래를 증가시킴을 검증하였다. Raviv(1993) and Varian
(1989)[69]의 연구에서 투자자들의 이질적 신념은 인지의 편의와 빈번
한 거래를 야기한다고 주장했다. 그리고 Greenwald(1980)[70]은 사람
들이 비이성적으로 자아를 평가한다고 말하였다. 또한, Talor and
Brown(1988)[71]은 대부분의 사람들이 다른 사람들보다 판단력과 지
각력이 우월하다고 주장했다. 증권시장에서 주식거래를 할 때, 이성
적 투자자들은 거래 비용을 감안해서 그 이상의 이익을 추구할 것이
고 투기적 투자자들은 거래비용을 커버하지 못하더라도 그들의 다른
정보가 정확하다고 판단되면, 주식을 매도하고 다른 주식을 매수할
것이라고 주장했다. 또한, 자신이 수용하는 정보에 대해서는 대부분
의 투자자들이 과대평가를 한다고 주장했다.

---

69) Varian, Hal R. "Differences of Opinion in Financial Markets", MA: Kluwer
   Academic Publishers, (1989), pp.3~37.

70) Greenwald, Anthony G., "The Totalitarian Ego :Fabrication and Revision of
   Personal History", *American Psychologist*, (1980), Vol.35, No.7, pp.603~618.

71) Talor, Shelley, and Jonathon D. Brown. "Illusion and Well-Being", *Psychological
   Bulletin*, (1988), Vol.103, No.2, pp.193~210.

Part 3

처분효과 검증

1. 연구 자료

(1) 검증대상 주식 및 검증기간

본 연구의 목적은 처분효과를 실제 데이터로 분석했을 때, 실제로 그런 투자행위가 나타나는지를 검증하는 것이다. 본 연구를 위한 자료는 증권사를 통해서 수집하였다. 1999년 3월부터 2003년 2월까지 거래된 계좌(최소한 한 번 이상 거래가 있었던 계좌) 중에 1,400명 고객 사이버계좌를 무작위로 선택하였다. 즉 랜덤함수 계좌번호 끝자리가 '1'인 계좌들을 추출하였다(지역코드가 1, 2, 3, 4, 5, 6, 7번대 지점 각각 100계좌씩 총 700계좌씩). 그중 700명의 관리자별 계좌가 포함된 사이버계좌와 700명의 비관리자별 사이버계좌를 분석하였다.

사이버계좌를 본 연구의 분석데이터로 수집한 것은 본 연구의 주요 메커니즘인 전망 이론에 근거하여 증권사 영업직원으로부터의 투자 상담을 차단하기 위한 것이다.72) 또한, 투자금액은 일천만 원 이

---

72) 전망 이론 메커니즘의 중요 요소는 인지행위에 대한 주관적 판단이 중요한 근거이다. 그러므

상 투자한 계좌로 제한73)하였다. 자료들은 거래 파일, 증권번호 파일, 고객정보 파일 등 세 가지로 분류한다. 본 연구를 위해서는 앞의 두 가지 파일이 사용되었다. 거래 파일은 1999년 3월부터 2003년 2월까지 700개의 관리자별, 비관리자별 사이버계좌의 모든 거래를 포함한다. 관리자 파일은 151,913개의 기록으로 구성되었고 비관리자별 파일은 37,243개의 기록으로 구성되었다. 이 기록은 거래날짜, 계좌번호, 매수, 매도, 지수, 거래량, 수수료, 주요거래금액으로 구성되었다. 같은 계좌에서 동일한 날에 동일한 종목의 매수와 매도는 합산되었다. 증권번호 파일의 200,000개 기록들은 계좌주인, 연도, 월, 내부 증권번호, 지수 그리고 거래량으로 기록되었다. 고객정보 파일에는 성별, 거래소 및 코스닥, 지역별, 대·중·소 기업구분의 정보를 가지고 있다. 그리고 1999년 3월부터 2002년 2월까지 기간 중 폐쇄된 계좌, 액면분할계좌, 액면병합계좌. 관리종목계좌, 미수계좌자료들은 연구에서 제외시켰다. 또한, 계좌에서 1999년 3월 이전에 매수한 주식에 대해서도 연구에서 제외시켰고 두 개 이상의 주식으로 포트폴리오를 구성한 계좌에 대해서만 이익비율과 손실비율을 계산하여 연구하였다.74)

본 저서는 관리자 파일 151,913개의 기록 중에 116,455개를 사용하였고 비관리자별 파일 37,243개 기록 중에 연구에 적합하지 않은 데이터75)를 제외하고 22,565개를 연구하였다. 또한, 마지막 자료를

___

로 투자 상담직원이 관여했을 경우. 주관적 판단의 근거가 결여될 수 있다.

73) 투자금액이 적을 시, 투자자들이 투자금액의 가치를 적게 느껴, 올바른 개인투자자들의 투자 성향을 왜곡하여 분석할 수 있다.

74) 실질적으로 본 연구에서 1,400명 계좌 중에 1종목 주식만 보유한 사람은 거의 없었기 때문에 odean(1998) 연구모형을 사용해도 무리가 없었다.

75) 연구에 적합하지 않은 데이터는 기존 제외한 자료들과 매수한 시점을 알지 못하는 종목을 말한다.

가공·처리할 때는 서로 다른 계좌의 종류로 구별하지는 않았으며, 날짜별로 계좌를 통합하였다. 통계기법은 우선 액세스파일로 데이터를 받은 후에 비주얼베이직으로 프로그램을 가공하였으며, 마지막은 엑셀프로그램으로 처리하였다. 본 저서의 연구데이터 기술통계량은 다음과 같다.

[표 3-1] 본 저서의 연구데이터 기술통계량

	관리자별 계좌	비관리자별 계좌
평　균	-0.123106249	-0.075664679
표준편차	0.010793282	0.018643249
중앙값	-0.023883132	-0.023788479
최솟값	-4.121589525	-3.6
최댓값	0.17777778	0.917211674
계좌 관측 수	642	410

주: 본 연구의 기술통계량은 1999년 3월부터 2002년 2월 사이 본 저서의 최종 연구데이터이며, 관리자별·비관리자별로 구분하여 계좌별로 나타낸 것이다. 같은 기간 동안 종합주가지수 수익률은 0.12%(+)의 수익률이었지만, 본 연구계좌 실현수익률은 음(-)의 수익률을 보였다.

(2) 검증기간 구분

본 연구에서 상승추세, 하락추세를 분석하기 위한 기간별 조작적 정의는 다음과 같다. 본 연구에서의 상승추세 또는 하락추세란 "1999년 3월에서 2003년 2월까지 기간 중 주가지수가 상승 또는 하락추세를 6개월 이상 뚜렷하게 나타내는 기간을 의미하는 것"으로 조작적 정의를 내린다. 이 구분은 최운열 등(2003)에서의 기간 구분 정의와 유사하나.

기간을 구분한 이유는 상승추세와 하락추세에 따라 PGR, PLR 비율이 어떻게 다르게 나타나는지 구분하기 위한 것이다. 처분효과의 정의에 따라 이익에 대해서 급히 매도한다고 한다면, 상승추세에서는 실현이익비율이 하락추세에서의 실현이익비율보다 많을 것이라 예상된다. 또한, 손실에 대해서 천천히 매도한다고 한다면, 상승추세에서는 실현손실비율이 하락추세에서의 실현손실비율보다 상대적으로 많지 않을 것이라 예상된다. 그렇다면, 전체 거래기간과 기간구분 간에 어떠한 차이를 보이는지, 실제 데이터로도 그러한 차이가 나타나는지 검증해 볼 필요가 있다.

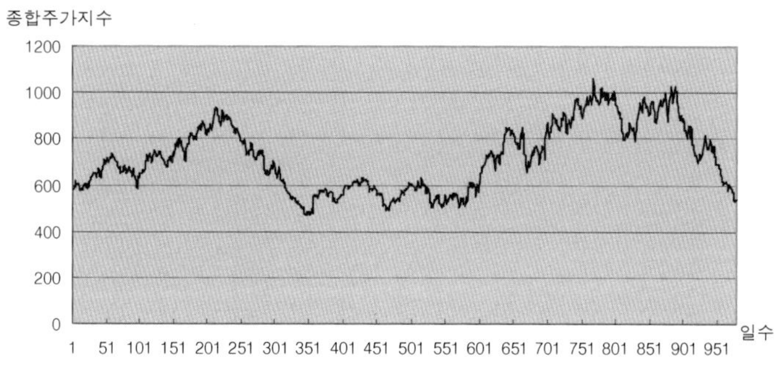

주: 본 연구의 그림은 1999년 3월부터 2002년 2월 사이 한국종합주가지수그래프를 일수로 나타낸 것이다.

[그림 3-1] 일별 종합주가지수 추이(1999.3~2003.2)

[그림 3-1]은 1999년 3월~2000년 1월까지(1일~232일)의 종합주가지수를 상승추세로 구분하였다. 또한, 종합주가지수 2000년 2월~2001년 1월까지(233일~470일)를 하락추세, 2001년 9월~2002년 3월까지(580일~719일)를 상승추세, 2002년 4월~2003년 2월

(737일~961일)까지를 하락추세로 구분하였다. 투자자들이 상승, 하락추세에 따라 얼마의 이익과 손실을 실현하느냐에 따라 PGR과 PLR의 비율은 차이를 보일 것이다.

상승추세, 하락추세에 따른 기술통계량은 다음과 같다.

[표 3-2] 상승추세, 하락추세 일별 종합주가지수 기술통계량

	99년 3월~00년 1월 상승추세(1)	00년 2월~01년 1월 하락추세(2)	01년 9월~02년 3월 상승추세(3)	02년 4월~03년 2월 하락추세(4)
평 균	0.002385776	-0.001757879	0.003479853	-0.001875243
표준편차	0.024842936	0.029664296	0.022963914	0.020494621
중앙값	0.002424691	-0.000338861	0.003738656	-0.000688709
최솟값	-0.076247844	-0.123675074	-0.128046974	-0.074187349
최댓값	0.063413065	0.076971772	0.07363467	0.04525413
관측 수	232	237	138	224
기간수익률	0.55(55%)	-0.41(-41%)	0.48(48%)	-0.42(-42%)

주: 본 연구의 기술통계량은 1999년 3월부터 2002년 2월 사이 한국종합주가지수를 상승추세, 하락추세별로 구분하여 일별로 나타낸 것이다. 기간수익률은 기간별 기하 평균값으로 구한 값이다.

2. 연구모형 및 연구방법론

(1) 처분효과에 관한 모형 및 방법론

1) Odean 모형

가) 빈도기준 모형

Odean(1998)의 연구모형은 다음과 같다.

$$실현이익비율 = (PGR) = \frac{RG}{RG+PG} \quad - [식4-1]$$

$$실현손실비율 = (PLR) = \frac{RL}{RL+PL} \quad - [식4-2]$$

PGR : 실현이익비율(Proportion of Gains Realized)

PLR : 실현손실비율(Proportion of Losses Realized)

RG : 실현이익(Realized Gains)   PG : 미실현이익(Paper gains)

RL : 실현손실(Realized Losses)   PL : 미실현손실(Paper Losses)

위 모형에서는 각 날짜에 매매가 없으면 이익, 손실과 미실현이익, 미실현손실에 아무런 변화가 없는 것으로 계산된다. 다시 말하면, 이익주와 손실주의 매도(실현이익, 실현손실)비율의 차이를 비교하는 것이다. 이익주의 실현이익 비율은 PGR이고, 손실주의 실현손실 비율은 PLR이다. 이를 계산하는 방식은 다음과 같다.

PGR과 PLR은 둘 이상의 포트폴리오로 구성된 계좌에 매수와 매도가 있는 날에만 계산하는데 매도된 주식은 실현한 것으로 평균 매수가격과 매도가격을 비교하여 이익주와 손실주를 구분한다. 또한, 미실현이익과 미실현손실은 매도발생 당일에 매도하지 않고 계좌에 남아 있는 다른 주식을 말한다. 이때 매도한 날짜에 보유주식의 데이터를 이용하여, 평균 매수가를 거래한 날 계좌에 남아 있는 주식의 당일 종가와 비교하여 그 이상이면 미실현이익, 이하이면 미실현손실이 된다. 이렇게 계산된 실현된 이익과 손실, 그리고 미실현이익과 미실현손실은 주식 수별(Share-Based)로 합산되고 마지막에 전체 계좌에 대한 최종적인 PGR과 PLR을 계산하게 된다.

예를 들어, 투자자가 5개의 종목(A, B, C, D, E)이 포트폴리오로 구성되어 있다고 하자. A, B가 이익종목이고, C, D, E가 손실종목이라고 가정하자. 또 다른 투자자는 3개의 종목(F, G, H)을 가지고 있으며, 그리고 F, G가 이익종목, H가 손실종목이라 가정하자. 특정한 날에 첫 번째 투자자가 A와 C를 매도했다. 그리고 그 다음 날에 두 번째 투자자가 F를 매도했다. 이 경우 A, F는 이익이 실현된 종목이고, C의 경우에는 손실이 실현된 종목이다. 또한, 미실현이익은 B와 G이고, 미실현손실은 D, E, G가 된다. 따라서 이틀 동안 두 투자자들은 실현이익 두 종목과 실현손실 한 종목 그리고 미실현이익 두 종목, 미실현손실 세 종목을 가진 것으로 된다. 그렇다면, 예에서는 PGR = 1/2이고 PLR = 1/4이다.

[표 3-3] 실현이익과 실현손실의 비율 계산방법의 예

목 록	투자자 1	투자자 2
positions		
보유종목	A, B, C, D, E	F, G, H
이익종목	A, B	F, G
손실종목	C, D, E	H
매 도		
월요일 매도	A, C	없 음
수요일 매도	없 음	F
이익손실 계산방법		
미실현이익	1(B)	1(G)
미실현손실	2(D, E)	1(H)
실현이익	1(A)	1(F)
실현손실	1(C)	0

이들 두 가지 비율의 통계적 유의성은 t-검증을 이용하였다. 실현이익 비율과 실현손실 비율의 유의수준은 투자자들의 이익과 손실

의 통계적 유의수준에 따라 나타나게 된다. t – 검증의 공식은 다음과
같다.

$$t = \frac{PLR - PGR}{se(PLR - PGR)}$$

PLR과 PGR 비율 차이 표준오차는

$$se(PLR - PGR) = \sqrt{\left(\frac{PGR(1 - PGR)}{n_{rg} - n_{pg}}\right) + \left(\frac{PLR(1 - PLR)}{n_{rl} - n_{pl}}\right)}$$

$n_{rg}, n_{pg}, n_{rl}, n_{pl}$ 는 실현이익, 미실현이익, 실현손실, 미실현손실 각각의
수를 나타낸다.

나) 거래 금액기준 모형

금액기준 연구모형은 다음과 같다.

$$\text{실현이익 금액비율}(APGR) = \frac{ARG}{ARG + APG} = \quad - [식 4 - 3]$$

$$\text{실현손실 금액비율}(APGR) = \frac{ARL}{ARL + APL} = \quad - [식 4 - 4]$$

APGR : 실현이익 금액비율(Amount Proportion of Gains Realized)

APLR : 실현손실 금액비율(Amount Proportion of Losses Realized)

ARG : 실현이익 금액(Amount of Realized Gains)

APG : 미실현이익 금액(Amount of Paper Gains)

ARL : 실현손실 금액(Amount of Realized Losses)

APL : 미실현손실 금액(Amount of Paper Losses)

위 모형에서 각 날짜에 매매가 없으면 이익금액, 손실금액과 미실현이익 금액, 미실현손실 금액에 아무런 변화가 없는 것으로 계산한다. 다시 말해, 이익주와 손실주의 매도금액 차이를 비교하는 것이다. 이익주의 실현이익 금액비율은 APGR이고, 손실주의 실현손실 금액비율은 APLR이다. 이를 계산하는 방식은 다음과 같다.

APGR과 APLR은 둘 이상의 포트폴리오로 구성된 계좌의 매수와 매도가 있는 날에만 계산하는데 매도된 주식은 실현한 것으로 평균 매수가격과 매도가격을 비교하여 이익주 금액과 손실주 금액을 나타낸다. 또한, 미실현이익 금액과 미실현손실 금액은 매도발생 당일에 매도하지 않고 계좌에 남아 있는 다른 주식을 말한다. 이때 매도한 날짜에 보유주식의 데이터를 이용하여, 평균 매수가를 거래한 날짜 계좌에 남아 있는 주식의 당일 종가와 비교하여 그 이상이면 미실현이익 금액, 이하이면 미실현손실 금액, 이렇게 계산된 실현이익과 손실금액, 그리고 미실현손실과 이익금액은 금액별로 합산되고 마지막에 전체 계좌에 대한 최종적인 APGR과 APLR을 계산하게 된다.

다) 거래 수익률기준 모형

수익률기준 연구모형은 다음과 같다.

$$\text{실현이익수익률비율}(RPGR) = \frac{RRG}{RRG + RPG} \quad - [식 4-5]$$

$$\text{실현손실수익률비율}(RPLR) = \frac{RRL}{RRL + RPL} \quad [식 4-6]$$

RPGR : 실현이익 수익률비율(Returns Proportion of Gains Realized)

RPLR : 실현손실 수익률비율(Returns Proportion of Losses Realized)

RRG : 실현이익 수익률(Returns of Realized Gains)

RPG : 미실현이익 수익률(Returns of Paper Gains)

RRL : 실현손실 수익률(Returns of Realized Losses)

RPL : 미실현손실 수익률(Returns of Paper Losses)

위 모형에서 각 날짜에 매매가 없으면 이익수익률, 손실수익률과 미실현이익 수익률, 미실현손실 수익률에 아무런 변화가 없는 것으로 계산한다. 즉 이익주와 손실주의 매도수익률 차이를 비교하는 것이다. 이익주의 실현이익 수익률비율은 RPGR이고, 손실주의 실현손실 수익률비율은 RPLR이다. 이를 계산하는 방식은 다음과 같다.

RPGR과 RPLR은 둘 이상의 포트폴리오로 구성된 계좌에 매수와 매도가 있는 날에만 계산하는데 매도된 주식은 실현한 것으로 보고 평균 매수수익률과 매도수익률을 비교하여 이익주 수익률과 손실주 수익률을 나타낸다. 또한, 미실현이익 수익률과 미실현손실 수익률은 매도발생 당일에 매도하지 않고 계좌에 남아 있는 다른 주식을 말한다. 이때 매도일 보유주식 종가 데이터를 이용하여 평균 매수가를 거래일 계좌에 남아 있는 주식의 당일 종가 범위와 비교하여 그 이상이면 미실현이익 수익률, 이하이면 미실현손실 수익률, 이렇게 계산된 실현이익과 손실수익률, 그리고 미실현손실과 이익수익률은 수익률별로 합산되고 마지막에 전체 계좌에 대한 최종적인 RPGR과 RPLR을 계산하게 된다. 본 연구에서는 계좌별로 수익률을 분석하였으며, 30% 이상, 30%~0%, −30%~0, −30% 이하 집단으로 구분하였다.

2) 주가 전환 및 주가 평균회귀 모형

또 다른 Odean(1998)의 연구모형으로는 잠재적으로 재매수이익 및 잠재적으로 재매수손실 대비 추가이익주와 추가손실주의 실현을 비교한 것이 있다. 본 모형은 손실종목이 천천히 인식되는지를 검증하는 주가전환 및 평균회귀모형이라고 할 수 있다. 이에 대한 검증방법으로는 투자자들이 이미 보유한 주식에 추가하여 매수하는 주식비율로 구할 수 있겠다. 재매수한 주식의 이익비율(PGPA)과 재매수한 주식의 손실비율(PLPA)은 앞에서 사용한 PGR과 PLR같이 비슷한 방식으로 계산된다. 이미 포트폴리오에 편입되어 있는 주식이 재매수되는 경우, 이것은 재매수한 주식의 이익과 손실이 된다. 재매수한 주식의 이익은 이익종목에 추가적으로 이익종목을 매수한 것을 말하고, 재매수한 손실은 손실종목에 추가적으로 손실종목을 매수한 것을 말한다. 이미 매수가 이루어져 포트폴리오에 편입되고 난 후에 다시 추가적으로 매수가 일어나지 않으면, 주식의 이익이나 손실은 잠재적으로 재매수한 주식의 이익과 손실이 된다. 이것을 표현하면, 다음과 같다.

$$재매수한주식의이익비율(PGPA) = \frac{GPA}{GPA + GPPA} - [식4-7]$$

$$재매수한주식의손실비율(PLPA) = \frac{LPA}{LPA + LPPA} - [식4-8]$$

PGPA : 재매수한 이익비율(Proportion of Gains Purchased Again)

PLPA : 재매수한 손실비율(Proportion of Loses Purchased Again)

GPA : 재매수한 이익(Gains Purchased Again)

GPPA : 잠재적으로 재매수한 이익(Gains Potentially Purchased Again)

LPA : 재매수한 손실(Loses Purchased Again)

LPPA : 잠재적으로 재매수한 손실(Loses Potentially Purchased Again)

만약, 투자자들이 손실종목에 대한 위험을 감수하려는 경우이거나, 주식가격의 앞으로 전환이 이루어질 수 있을 것이라 믿으면, PLPA > PGPA가 될 것이다.

[표 3-4] 재매수한 이익비율과 재매수한 손실비율 계산방법의 예

목　록	투자자 1	투자자 2
positions		
보유종목	A, B, C, D, E	F, G, H
이익종목	A, B	F, G
손실종목	C, D, E	H
추가적으로 같은 종목 재매수		
월요일 매수	A, C	없　음
수요일 매수	없　음	F
이익손실 계산방법		
잠재적으로 재매수 이익	1(B)	1(G)
잠재적으로 재매수 손실	2(D, E)	1(H)
재매수한 이익	1(A)	1(F)
재매수한 손실	1(C)	0

3) 최대잠재이익 및 최대잠재손실 모형

이 모형은 투자자들이 이익종목을 매도하여 보유하지 않았을 경우,

추가적인 이익금(매도 후 시점, 1개월, 3개월, 6개월, 1년 동안의 최고가격)인 최대잠재이익과 얼마나 차이가 나는지를 검증하고, 손실종목을 매도하여 보유하지 않았을 경우, 추가적인 손실금(매도 후 시점, 1개월, 3개월, 6개월, 1년 동안의 최저가격)인 최대잠재손실과 얼마나 차이가 나는지를 검증하는 모형이다. 연구모형은 다음과 같다.

$$이익종목최대잠재이익률 = \frac{최대잠재이익률}{실현이익률 + 최대잠재이익률} \qquad - [식4-9]$$

$$손실종목최대잠재손실률 = \frac{최대잠재손실률}{실현손실률 + 최대잠재손실률} \qquad - [식4-10]$$

위 모형에서 각 날짜에 매매가 없으면 이익, 손실과 최대잠재이익, 최대잠재손실에 아무런 변화가 없는 것으로 계산한다. 이를 계산하는 방식은 다음과 같다.

둘 이상의 포트폴리오로 구성된 계좌에 매수와 매도가 있는 날에만 계산되는데, 매도된 주식은 실현한 것으로 준거가격과 매도가격을 비교하여 이익주와 손실주를 나타낸다. 또한, 최대잠재이익과 최대잠재손실은 (매도 후부터 1개월, 3개월, 6개월, 1년까지의 연구기간) 그 기간의 최고가를 최대잠재이득으로, 최저가를 최대잠재손실로 정한다. 이 모형은 개인투자자들의 잘못된 투자의사결정과 이익 및 손실의 크기를 검증하는 모형이라 하겠다. 만약, 투자자들의 매도이익종목과 이익종목 최고가 차이가 매두손실종목과 손실종목 최저가 차이보다 크다면, 투자의사결정이 잘못되었음을 말해 준다. 즉 이것은 그만큼 이익을 더 얻을 수 있는 이익금액을 얻지 못하고, 손실을 덜 볼 수 있음에도 불구하고 손실금액을 얻는 것을 의미한다.

(2) 포트폴리오 재구성

본 연구의 목적은 처분효과가 포트폴리오 재구성 때문에 나타나는지 검증하는 것이다. 처분효과가 포트폴리오 재구성 때문에 나타나는 것이 아님을 보이기 위해, 매도 후 일정기간(1주)[76] 내에 새로운 매수가 발생한 계좌는 제외시켰다. 그럼에도 불구하고 처분효과가 나타났다면, 포트폴리오 재구성의 목적이 아니라고 볼 수 있다. 포트폴리오 재구성 모형으로는 **Odean**의 빈도기준 모형을 사용하였다.

3. 유의성 검증(Significance Testing)

실현이익, 실현손실, 미실현이익, 미실현손실은 각각 독립적으로 관찰되어야 하지만, 본 저서의 자료는 독립성에 대한 가정이 완전하지 않다. 예를 들어, 투자자들은 계속되는 투자기회를 선택할 수도 선택하지 않을 수도 있다. 만일, 두 투자자가 같은 날에 같은 종목에 대해서 같은 정보를 가지고 있다 하더라도 각각 다르게 매도 여부를 결정한다는 것이다. 독립성은 계좌들 사이에서만 검증을 실시한다. **PGR**과 **PLR**은 각 계좌에 따라 구분되며, **PGR－PLR**도 계좌별로 계산된다.

이런 통계적 유의성 검증은 본 저서에서 부스트랩(bootstrapping)

---

76) Odean 연구는 포트폴리오 재구성에 대한 기간의 기준을 3주로 검증하였다. 그러나 본 연구는 3주로 기간을 정했을 경우, 통계적으로도 유의하지 않아 1주일로 정하였다.

방법을 사용한다. 이는 모형에 따른 분포를 알기 위해 검증하는 방법이다. 부스트랩방법은 비모수적 확률분포를 계산하여 이에 대한 유의성을 검증한다.

처분효과에 대한 유의성 검증은 PGR - PLR 데이터에서 랜덤(Random)하게 300개씩 1,000회 데이터를 추출하여, 유의수준 0.05(5%)하에서 확률분포를 알아본다.

[표 3-5] 정규성 검정1)(PLR - PGR)

검 정	통계량		P 값	
Shapiro - Wilk	W	0.998266	Pr 〈 W	0.4125
Kolmogorov - Smirnov	D	0.015087	Pr 〉 D	〉0.1500
Cramer - von Mises	W - Sq	0.02846	Pr 〉 W - Sq	〉0.2500
Anderson - Darling	A - Sq	0.245747	Pr 〉 A - Sq	〉0.2500

Shapiro - Wilk은 통계량 값이 1에 가까우면 정규분포를 따른다.

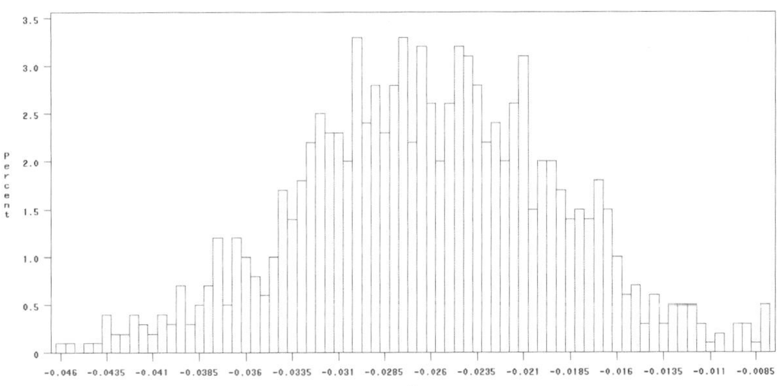

[그림 3-2] PLR - PGR의 비모수 확률분포도

검증결과, 0.998266이므로 정규성을 가지는 것으로 나타났고, 귀무
가설을 기각하지 못하므로 정규성을 가지는 것으로 나타났다.

4. 가설의 성립

(1) 처분효과 현상에 관한 가설

Odean(1998)은 선행연구보다 정확한 측정방법으로 연구하였다.
선행연구에서의 처분효과 측정방식은 상당한 문제점이 있다. 기존
양적 개념을 그대로 이용할 경우, 2장에서 설명했던 것처럼 상승추
세에서는 이익주의 절대량이 많게 되고 하락추세에서는 손실주의 절
대량이 많기 때문에 투자자들이 손실종목에 비해 이익종목을 지속적
으로 매도하는 것을 단순히 이익종목을 매도하는 것과 손실종목을
매도하는 것의 숫자로 보는 것은 세밀한 처분효과 검증이 되지 못한
다. 예를 들어, 투자자들이 이익종목을 매도하는 것이나 손실종목을
매도하는 것에 무관심하다고 가정하자. 만일, 시장이 상승국면에 있
으면 포트폴리오에서 그들의 선호에 관계없이 이익종목이 더 많이
차지하게 될 것이고 이익종목을 손실종목보다 더 매도하게 될 것이
다. 그런 점에서 투자자들이 이익종목을 매도하고 손실종목을 보유
하는 것을 정확하게 알아내기 위해서는 반드시 투자자들이 그 종목
들을 매도하는 기회에 대한 것을 자주 검토해야 한다. 단순히 매도
종목 중에서 손실과 이익을 보는 것은 잘못된 측정방법이다.

이보다 앞선 연구에서 거래량을 측정도구로 사용한 것에 비하여, Odean 모형은 거래빈도를 사용하여 처분효과 이론에 보다 부합된다고 볼 수 있다. 본 저서는 미실현이익과 미실현손실을 이용하여 실현이익과 실현손실을 비교하기 때문에 기존의 연구(Odean 이전의 연구)보다 좀 더 구체적이며 정확하게 분석할 수 있다. 즉 처분효과 모형 중에서 Odean 모형은 처음으로 빈도기준으로 연구하였다. 그러나 이 측정방법은 금액기준으로 세밀하게 측정하지 못하는 한계점을 갖고 있다. 본 저서는 빈도, 금액, 수익률 기준으로 분석함으로써 Odean 모형보다 세밀한 분석이라고 볼 수 있다. Odean 모형의 기본 가정은 다음과 같다. 두 개 이상의 주식으로 포트폴리오를 구성한 계좌에 대해서만 이익주의 실현율과 손실주의 실현율이 계산가능하다고 하였다. 본 연구데이터는 거의 모든 계좌가 두 개 이상의 포트폴리오를 구성하고 있어 Odean 모형에 적합하다고 볼 수 있다.

투자자들이 적극적으로 이익과 손실을 실현하느냐에 따라서 PGR과 PLR의 비율은 높은 차이를 보인다. 그러므로 [가설 1]은 처분효과의 정의에 따라 PGR이 PLR보다 커야만 한다. 이에 대한 가설로는 다음과 같다.

[가설 1]: PGR(Proportion of Gains Realized)이 PLR(Proportions Losses Realized)보다 클 것이다.

만약 [가설 1]이 채택된다면, 다음과 같은 [가설 2]에 대한 근거를 세울 수 있을 것이다. 본 연구기간 동안 1월에 주가가 매년 상승하지는 않았지만,[77] 투자자들은 1월 효과 및 배당금을 받기 위한 12월 매도지연에 따른 차익실현, 심리적 기대감 때문에 2~12월보다 이익이든 손실이든 실현을 자주 할 것이고, 그에 따른 실현이익비율(PGR)이 실현손실비율(PLR)보다 클 것이다. 이에 대한 가설로는 다음과 같다.

> [가설 2]: 1월에는 2~12월보다 (관리자, 비관리자별) PLR - PGR 이 클 것이다.

(2) 처분효과 원인에 관한 가설

기존에 갖고 있던 이익주를 추가적으로 매수하는 경우에 재매수한 이익이라고 정의하고, 기존의 갖고 있던 손실주를 추가적으로 매수하는 경우에는 재매수한 손실이라고 정의했다. 기존의 이익주를 추가적으로 매수하는 경우는 상승할 것이라는 믿음을 갖고 매수한 것이고, 기존의 손실주를 추가적으로 매수하는 경우는 투자자들이 손실종목에 대한 위험을 감수하려는 경우이거나, 주식가격이 평균회귀 현상에 의해서 곧 주식가격의 전환이 이루어질 수 있을 것이라는 믿음을 갖고 매수한 것이다. 전망 이론은 투자자들이 작은 이익금보다 큰 이익금을 천천히 매도한다는 것을 설명하지는 못한다. 물론 주식가격이 전환될 것이라는 믿음 역시 예측하지는 못한다. 그러나 투자자들이 손실종목보다 더 낮은 가격에 주식을 매수하고, 주식가격전

---

77) 본 저서 연구기간 중에서 2000년과 2003년은 1월에 주가가 하락하였고, 2001년과 2002년은 1월에 주가가 상승하였다.

환이 좋은 방향으로 바뀐다면, 투자자들은 손실종목에 대해 더 낮은 가격에 자주 매수하려 할 것이다. 이러한 믿음은 이익종목에 적은 추가적인 매수와 손실종목에 전환이 있을 거라는 믿음으로 많은 추가적인 매수를 유도한다. 이러한 검증은 처분효과가 왜 나타나는지를 보여 주는 것이다. 즉 손실에 대해서 매도하기보다는 오히려 더 매수함으로써 위험추구적임을 보여 주는 것이다.

　만약, 투자자들이 손실종목에 대한 위험을 감수하려는 경우이거나, 주식가격의 전환이 이루어질 수 있을 것이라 믿으면, PLPA > PGPA가 될 것이다. 이에 대한 가설로는 다음과 같다.

[가설 3]: PLPA(Proportion of Gains Purchased Again)가
　　　　　 PGPA(Proportion of Loses Purchased Again)보
　　　　　 다 클 것이다.

(3) 처분효과 성과에 관한 가설

　전체 기간(관리자별, 비관리자별) 동안 PGR이 PLR보다 더 크다면, 실현손실보다 실현이익을 자주 매도할 것이다. 또한, 본 연구기간 동안 종합주가수익률은 ＋0.12%(산술평균)임에도 불구하고, 처분효과 때문에 손실금은 이익금보다 많을 것이다. 이에 대한 가설로는 다음과 같다.

[가설 4]: 전체 기간(관리자별, 비관리자별) 동안 이익금이 손실
금보다 적을 것이다.

[가설 4 - 1]: 전체 기간 동안 실현이익금이 실현손실금보다 적을
것이다.

[가설 4 - 2]: 전체 기간 동안 미실현이익금이 미실현손실금보다
적을 것이다.

처분효과 정의대로 이익에 대해 급히 매도하고 손실에 대해 천천
히 매도한다면, 본 저서는 이익금과 손실금의 비교방법과 유사한 최
대잠재이익과 최대잠재손실에 대해서도 분석해 볼 필요가 있다. 만
약 많은 이익을 더 얻을 수 있음에도 불구하고 급히 매도했다면, 잠
재이익과 실현이익의 차이는 클 것이다. 반면에 손실을 줄일 수 있
음에도 불구하고, 급히 매도를 하지 않았다면, 잠재손실과 실현손실
의 차이는 적을 것이다. 이 가설의 이론적 배경은 이익에 대해서는
위험회피적이고, 손실에 대해서는 위험추구적이라는 전망 이론의 메
커니즘을 따르는 것이다. 만약, 연구결과가 [가설 5]처럼 검증된다면,
처분효과가 잘못된 투자결정의 행위라고 볼 수 있겠다. 이에 대한
가설로는 다음과 같다.

[가설 5]: 이익종목에 대한 최대잠재이익률이 손실종목에 대한 최
대잠재손실률보다 클 것이다.

5. 연구 결과

(1) [가설 1], [가설 2]의 검증

1) 거래 빈도기준

처분효과에 따른 연구결과는 [표 4-6]에서 전체 기간의 PGR과 PLR을 2월~12월과 1월로 구분해서 나타내었다. 연구결과, 기간과 상관없이 이익종목을 손실종목보다 자주 매도한다는 것을 알 수 있었다. [가설 1]이 성립하려면 단측검정에서 t 값이 1%보다 커야 한다고 볼 수 있다. 전체 기간을 대상으로 한 단측검정 결과, p 값이 0.01 이하에서 유의하며, t 값도 -1.65보다 작은 -3.216이므로 귀무가설을 기각하여 [가설 1]은 채택된다고 볼 수 있겠다. 이러한 결과는 Odean(1998)의 PLR-PGR 정도의 차이가 있을 뿐 연구결과는 같은 것이다. 또한, [가설 2]가 성립하려면 단측검정에서 t 값이 1.65보다 커야 한다고 볼 수 있다. 연구결과, 1월, 2~12월을 대상으로 한 p 값은 0.01 이하에서 유의하며, t 값이 -1.83, -2.87이므로 귀무가설을 기각함을 알 수 있었다. 한국 증권시장에서 1월과 2~12월간의 PLR-PGR이 차이가 있음을 보여 주고 있다. 또한, 각각의 PGR/PLR 비율은 1월이 2~12월보다 큼을 알 수 있다. 따라서 전체 계좌로만 분석하면, [가설 2]는 채택되었다. 이러한 결과는 1월 효과 및 배당금을 받기 위한 12월 매도지연에 따른 차익실현, 심리적 기대감 때문에 2~12월보다 이익이는 손실이는 실현을 자주 한다는 것을 의미한다고 볼 수 있다.

[표 3-6] 빈도기준 PGR과 PLR 비율(전체 계좌[78])

	전체 기간	1월	2월~12월
PLR	0.159	0.105	0.154
PGR	0.177	0.146	0.180
PLR-PGR	-0.018	-0.041	-0.026
PGR/PLR	1.175	1.388	1.162
t-statistic	-3.216	-1.83	-2.87

[표 3-6]은 PGR과 PLR을 비교한 것이다. 총 연구기간은 1999년 3월~2003년 2월이다. 전체 기간 연구데이터는 189,156개이고 그중 연구에 적합하지 않은 데이터는 제외하고 139,020개를 연구하였다. 이 데이터로부터 당일매매는 하나의 거래로 가공·처리한 실현손익, 미실현손익은 527일(527개)이 관찰되었다. 연구되지 않은 실현이익 데이터는 15,504개이고, 실현손실 데이터는 21,064개이다. 미실현이익 데이터는 34,463개이고, 미실현손실 데이터는 45,235개이다.

[표 3-7]에서는 전체 기간의 관리자별 PGR과 PLR을 2월부터 12월까지, 그리고 1월로 구분해서 나타내었다. 연구결과, 기간과 상관없이 이익종목을 손실종목보다 자주 매도한다는 것을 알 수 있었다. [가설 1]이 성립하려면 단측검정에서 P 값이 -1.65보다 작아야 하는데, 전체 기간의 P 값은 0.01 이하에서 유의하며, t 값도 -1.65보다 작은 -2.45이므로 귀무가설을 기각하므로 [가설 1]은 채택된다고 볼 수 있겠다. [가설 2]가 성립하려면 단측검정에서 t 값이 -

---

78) 전체 계좌란 관리자별과 비관리자별 구분 없이 전체 계좌를 분석하는 것을 말한다.

1.65보다 작아야 한다고 볼 수 있다. 또한, 1월, 2~12월을 대상으로 한 P 값은 0.01 이하에서 유의하며, t 값이 -1.66, -2.25이므로 귀무가설을 기각함을 알 수 있다. 통계적으로는 유의하지만, 한국 증권시장에서 1월과 2~12월간의 PGR-PLR은 큰 차이가 없고, 오히려 각각의 비율이 낮음을 알 수 있다. 그러므로 [가설 2](관리자별)는 채택되지 않는다. 이러한 결과는 투자 상담직원의 주식투자 관여에 따른 투자자들의 처분효과 분석이 희석되었다고 볼 수 있다. 투자 상담 관여는 투자자들의 1월 효과 및 2~12월과의 차이가 없음을 보여 준다.

[표 3-7] 빈도기준 관리자별 PGR과 PLR 비율(전체 기간)

	전체 기간	1월	2월~12월
PLR	0.136	0.102	0.140
PGR	0.159	0.124	0.163
PLR-PGR	-0.023	-0.022	-0.023
PGR/PLR	1.169	1.215	1.164
t-statistic	-2.45	-1.66	-2.25

[표 3-7]은 PGR과 PLR을 비교한 것이다. 총 연구기간은 1999년 3월~2003년 2월이다. 전체 기간 연구데이터는 151,913개이고 그중 연구에 적합하지 않은 데이터는 제외하고 116,455개를 연구하였다. 이 데이터로부터 당일매매에서 하나의 거래로 가공·처리한 실현손익, 미실현손익은 304일(304개)이다. 연구되지 않은 실현이익 데이터는 13,513개이고, 실현손실 데이터는 16,299개이다. 미실현이익 데이터는 29,698이고, 미실현손실 데이터는 38,796개이나.

[표 3 - 8]에서는 전체 기간의 비관리자별 PGR과 PLR을 2월부터 12월까지, 그리고 1월로 구분해서 나타내었다. 연구결과, 기간과 상관없이 이익종목을 손실종목보다 자주 매도한다는 것을 알 수 있었다. [가설 1]이 성립하려면 단측검정에서 P 값이 - 1.65보다 작아야 한다고 볼 수 있다. 전체 기간을 대상으로 한 P 값은 0.01 이하에서 유의하며, t 값도 - 1.65보다 작은- 2.12이므로 귀무가설을 기각하여 [가설 1]은 채택된다고 볼 수 있겠다. [가설 2]가 성립하려면 단측검정에서 t 값이 - 1.65보다 작아야 한다고 볼 수 있다. 또한, 2~ 12월을 대상으로 한 P 값은 0.01 이하에서 유의하며, t 값이 - 1.83이므로 귀무가설을 기각함을 알 수 있다. 관리자별 결과와는 달리, 한국 증권시장에서는 1월과 2~12월간의 PLR - PGR의 차이가 있는 것으로 나타났다. 그러므로 [가설 2](비관리자별)는 채택되었다. 이러한 결과는 투자 상담직원의 주식투자 비관여에 따른 1월 효과가 나타남을 알 수 있다. 투자 상담 비관여는 투자자들의 1월 효과 및 2~12월과의 차이가 있음을 보여 준다.

[표 3-8] 빈도기준 비관리자별 PGR과 PLR 비율(전체 기간)

	전체 기간	1월	2월~12월
PLR	0.169	0.109	0.174
PGR	0.200	0.183	0.202
PLR - PGR	- 0.031	- 0.072	- 0.026

	전체 기간	1월	2월~12월
PGR/PLR	1.183	1.173	1.159
t - statistic	- 2.12	- 2.30	- 1.83

[표 3 - 8]은 PGR과 PLR을 비교한 것이다. 총 연구기간은 1999년 3월~2003년 2월이다. 전체 기간 연구데이터는 37,243개이고 그 중 연구에 적합하지 않은 데이터를 제외하고 22,565개를 연구하였다. 이 데이터로부터 당일매매에서 하나의 거래로 가공·처리한 실현손익, 미실현손익은 223일(223개)이 관찰되었다. 가공되지 않은 실현이익 데이터는 2,091개이고, 실현손실 데이터는 4,765개이다. 미실현이익 데이터는 4,765개이고, 미실현손실 데이터는 6,439개이다.

2) 거래 금액기준

처분효과에 따른 연구결과는 [표 3 - 9]에서 전체 기간의 APGR과 APLR을 금액기준으로 구분해서 나타내었다. 연구결과, 전체 관리자별·비관리자별 계좌 모두 APGR이 APLR보다 크다는 것을 알 수 있었다. 이러한 결과는 계좌 구분과 상관없이 처분효과의 빈도횟수뿐 아니라 금액기준으로도 처분효과가 비슷하게 나타남을 보여 준다. 그렇지만 계좌별 금액기준으로 APGR - APLR의 차이는 빈도기준보다 없는 것으로 나타났다. 전체 기간을 대상으로 한 P 값은 0.01 이하에서 유의하며, t 값도 1.65보다 큰 6.64, 5.59, 3.80으로 귀무가설을 기각하여 통계적으로 유의하다고 볼 수 있겠다.

[표 3-9] 금액기준 APGR과 APLR 비율(전체 기간)

	전체 계좌별	관리자별	비관리자별
APLR	0.292	0.299	0.281
APGR	0.320	0.328	0.309
APGR－APLR	0.028	0.029	0.028
APGR/APLR	1.095	1.097	1.099
t－statistic	6.64	5.59	3.80

[표 3-9]는 APGR과 APLR의 금액을 비교한 것이다. 총 연구기간은 1999년 3월~2003년 2월이다. 전체 기간 연구데이터는 189,156개이고 그중 연구에 적합하지 않은 데이터는 제외하고 139,020개를 연구하였다. 이 데이터로부터 당일매매에서 하나의 거래로 가공·처리한 실현손익, 미실현손익은 전체 계좌 524일(524개), 관리자별 303일(303개), 222일(222개)이다.

(2) [가설 3]의 검증

1) 빈도기준

처분효과에 따른 연구결과는 [표 3-10]에서 4년 동안의 PGPA와 PLPA를 빈도기준으로 구분해서 나타내었다. 연구결과, PGPA가 PLPA보다 적다는 것을 알 수 있었다. 이러한 연구 결과, 투자자들이 주식가격전환의 믿음과 평균회귀의 기대감이 있다는 것을 알 수 있다. 전체 기간을 대상으로 한 P 값은 0.01 이하에서 유의하며, t 값도 1.65보다 큰 4.80이고, 귀무가설을 기각하여 통계적으로 유의하다고 볼 수 있겠다. 관리자별, 비관리자별 처분효과에 따른 연구결과도 PGPA가 PLPA보다 적다는 것을 알 수 있었다. 그렇지만 PGPA - PLPA의 계좌별 차이가 크지 않아 투자 상담과는 상관이 없음을 보여 준다. 전체 기간을 대상으로 한 P 값은 0.01 이하에서 유의하며, t 값도 1.65보다 큰 2.5, 2.85이므로 귀무가설을 기각하여 통계적으로 유의하다고 볼 수 있겠다.

[표 3-10] 빈도기준 PGPA와 PLPA 비율(전체 기간)

	전체 계좌	관리자별	비관리자별
PLPA	0.39	0.39	0.38
PGPA	0.37	0.37	0.37
PGPA - PLPA	0.02	0.02	0.01
PGPA/PLPA	0.95	0.95	0.97
t - statistic	4.80	2.5	2.85

[표 3-10]은 PGPA와 PLPA의 빈도를 비교한 것이다. 총 연구기간은 1999년 3월~2003년 2월이다. 전체 기간 연구데이터는 189,156개이고 그중 연구에 적합하지 않은 데이터는 제외하고 139,020개를 연구하였다. 이 데이터로부터 당일매매에서 하나의 거래로 가공·처리한 재매수손익, 잠재적인 재매수손익은 589일(589개), 관리자별은 356일(356개, 비관리자별은 230일(230개)이다.

2) 금액기준

처분효과에 따른 연구결과는 [표 3-11]에서 4년 동안의 PGPA와 PLPA를 금액기준으로 구분해서 나타내었다. 연구결과 PGPA가

PLPA보다 적다는 것을 알 수 있었다. 연구 결과, 처분효과의 빈도 횟수뿐 아니라 금액기준으로도 투자자들의 주식가격전환의 믿음이 있다는 것을 알 수 있다. 전체 기간을 대상으로 한 P 값은 0.01 이하에서 유의하며, t 값도 1.65보다 큰 4.8이고 귀무가설을 기각하여 통계적으로 유의하다고 볼 수 있겠다. 관리자별·비관리자별 처분효과에 따른 연구결과, PGPA가 PLPA보다 적다는 것을 알 수 있었다. 금액기준으로 볼 때, 관리자별 계좌가 비관리자별 계좌보다 PGPA와 PLPA의 차이가 큼을 알 수 있다. 이것은 투자 상담이 거래에 영향을 미치는 것이고, 손익비율에 있어서는 비관리자별 계좌가 손실이 더욱 커짐을 알 수 있다. 전체 기간을 대상으로 한 P 값은 0.01 이하에서 유의하며, t 값도 −1.65보다 큰 5.36, 2.1이고 귀무가설을 기각하여 통계적으로 유의하다고 볼 수 있겠다. 그러므로 [가설 3]은 채택된다.

[표 3-11] 금액기준 PGPA와 PLPA 비율(전체 기간)

	전체 계좌	관리자별	비관리자별
PLPA	0.50	0.55	0.42
PGPA	0.43	0.46	0.39
PGPA − PLPA	0.07	0.09	0.03
PGPA/PLPA	0.86	0.84	0.93
t − statistic	4.8	5.36	2.1

[표 3-11]은 PGPA와 PLPA의 금액을 비교한 것이다. 총 연구기간은 1999년 3월~2003년 2월이다. 전체 기간 연구데이터는 189,156개이고 그중 연구에 적합하지 않은 데이터는 제외하고 139,020개를

연구하였다. 이 데이터로부터 당일매매에서 하나의 거래로 가공·처리한 재매수한 손익, 잠재적으로 재매수한 손익은 589일(589개), 관리자별 359일(359개), 비관리자별 230일(230개)이다.

[표 3 - 12]는 전체 기간(1999년 3월~2003년 2월) 동안 GPA, LPA와 GPPA, LPPA를 비교해 본 결과, GPA가 LPA보다 88% 정도 적은 것으로 나타났다. 또한, GPPA가 LPPA보다 76% 정도 적은 것으로 나타났다. 관리자별 GPA, LPA와 GPPA, LPPA를 비교해 본 결과, GPA가 LPA보다 71% 정도 적은 것으로 나타났고, GPPA가 LPPA보다 61% 정도 적은 것으로 나타났다. 비관리자별 GPA, LPA와 GPPA, LPPA를 비교해 본 결과, GPA가 LPA보다 178% 정도 적은 것으로 나타났고, GPPA가 LPPA보다 136% 정도 적은 것으로 나타났다. 즉 LPA/GPA, LPPA/GPPA의 크기는 관리자별 계좌보다 비관리자별 계좌의 손실이 더 큼을 알 수 있다. 이러한 연구결과는 오히려 투자 상담관여가 투자 상담비관여보다 손실이 적음을 보여 준다. 비록 투자 상담관여, 비관여와 상관없이 투자자들의 손실에 있어서 재매수비율이 크지만, 증권사직원들의 투자 상담이 투자자들의 주식투자손실을 줄여 준다고 볼 수 있다. 이것은 투자 상담 없이 주식투자 시, 개인투자자들의 주식매매가 잘못되고 있음을 보여 주며, 체계적인 인지행위적 오류를 범하고 있다는 것을 알 수 있다.

[표 3 - 12] 전체 기간 GPA, LPA와 GPPA, LPPA 비교

(전체 기간, 단위: 백만

전체 계좌	GPA	LPA	GPPA	LPPA
금 액	22,344	42,144	24,697	43,575
LPA/GPA			1.88	
t - statistic(GPA, LPA)			14.55	
LPPA/GPPA			1.76	
t - statistic(GPPA, LPPA)			15.08	
관리자별	GPA	LPA	GPPA	LPPA
금 액	18,668	31,900	19,590	31,516
LPA/GPA			1.71	
t - statistic(GPA, LPA)			16.42	
LPPA/GPPA			1.61	
t - statistic(GPPA, LPPA)			16.94	
비관리자별	GPA	LPA	GPPA	LPPA
금 액	3,676	10,243	5,106	12,058
LPA/GPA			2.78	
t - statistic(GPA, LPA)			4.57	
LPPA/GPPA			2.36	
t - statistic(GPPA, LPPA)			5.22	

*p - value: 0.01 이하에서 유의함.

(3) [가설 4]의 검증

[표 3 - 13]에서 전체 기간 동안의 전체 계좌 실현이익, 실현손실, 미실현이익, 미실현손실금을 비교해 본 결과, 실현손실금이 실현이익금보다 69% 정도 많은 것으로 나타났고 미실현손실금은 미실현이익금보다 83% 정도 많은 것으로 나타났다.[79] 또한, 관리자별 실현이익, 실현손실, 미실현이익, 미실현손실금을 비교해 본 결과, 실현손실

---

79) 본 저서 연구기간 동안의 한국종합주가지수 평균수익률은 (+)0.12%이었다.

금이 실현이익금보다 65% 정도 많은 것으로 나타났고 미실현손실금은 미실현이익금보다 66% 정도 많은 것으로 나타났다. 비관리자별 실현이익, 실현손실, 미실현이익, 미실현손실금을 비교해 본 결과, 실현손실금이 실현이익금보다 83% 정도 많은 것으로 나타났고 미실현손실금은 미실현이익금보다 154% 정도 많은 것으로 나타났다. 따라서 전체적으로(관리자별, 비관리자별) 실현이익금보다 실현손실금이, 미실현이익금보다 미실현손실금이 크다는 것을 알 수 있다. 그러므로 [가설 4 - 1, 4 - 2]는 채택된다. 이러한 연구결과, 비관리자별 계좌의 미실현손익비율이 관리자별 계좌의 미실현손익비율보다 더 큰 것은 손실에 있어서 위험추구적 성향이 더 크게 나타남을 보여 준다. 즉 투자 상담직원의 투자 상담관여가 적을수록 주식투자손실에 대해서 주가전환의 기대감이 크다는 것을 알 수 있다.

[표 3 - 13] 전체 기간 실현손익금과 미실현손익금 비교

(전체 기간, 단위: 백만

전체 계좌	실현이익금	실현손실금	미실현이익금	미실현손실금
금 액	6,089	10,295	46,680	85,366
실현손실/실현이익			1.69	
t - statistic(실현이익, 실현손실)			19.76	
미실현손실/미실현이익			1.83	
t - statistic(미실현이익, 미실현손실)			15.74	
관리자별	실현이익금	실현손실금	미실현이익금	미실현손실금
금 액	4,740	7,830	37,900	63,078
실현손실/실현이익			1.65	
t - statistic(실현이익, 실현손실)			6.64	
미실현손실/미실현이익			1.66	
t - statistic(미실현이익, 미실현손실)			19.1	

전체 계좌	실현이익금	실현손실금	미실현이익금	미실현손실금
비관리자별	실현이익금	실현손실금	미실현이익금	미실현손실금
금 액	1,349	2,465	8,780	22,288
실현손실/실현이익		1.83		
t-statistic(실현이익, 실현손실)		7.53		
미실현손실/미실현이익		2.54		
t-statistic(미실현이익, 미실현손실)		5.04		

*p-value: 0.01 이하에서 유의함.

(4) [가설 5]의 검증

1) 최대잠재이익 및 최대잠재손실 대비 이익률과 손실률의 비교

매수시점부터 1개월, 3개월, 6개월, 1년 후까지 주식의 최고가와 최저가를 최대잠재이익과 최대잠재손실로 정하고 이익주를 얼마나 잠재적 이익을 얻지 못하고 급히 매도했는지, 손실주를 얼마나 잠재적 손실에 가깝게 보유하다가 매도했는지를 검증하였다. [표 3-14]를 보면, 전체 계좌, 관리자별 계좌, 비관리자별 계좌에서 모두 잠재적 이익을 얻지 못하고 급히 매도되는 현상이 검증되었다. 이는 처분효과로 인해, 개인투자자가 이익을 더 얻을 수 있음에도 불구하고 얻지 못했다는 것을 의미하고, 손실을 덜 낼 수 있었는데 많이 내었다는 사실을 입증해 주는 연구결과이다. 또한, 6개월과 1년은 거의 비슷하여 이익에 대해서 6개월까지는 보유하는 것이 바람직한 투자행태라고 볼 수 있다. 손실은 오래 보유할수록 손실의 폭이 증가하는 형태로 나타났다. 그러므로 1개월 이내로 매도하는 것이 손실을 줄이는 방법이라고 판단된다.

전체 기간을 대상으로 한 P 값은 0.01 이하에서 유의하며, 전체 계좌 t 값은 1.65보다 큰 65.13이고, 관리자별 계좌 t 값은 89.14, 비관리자별 계좌 t 값은 28.11이므로 귀무가설을 기각하여 통계적으로 유의하다고 볼 수 있겠다. 이러한 최대잠재이익/손실 대비 이익주식 이익률과 손실주식 손실률을 비교해 본 결과, 개인투자자는 얻을 수 있는 이익의 기회를 얻지 못했고, 이로 인해 부의 감소를 야기한다는 사실을 알 수 있다.

[표 3-14] 전체 기간 최대잠재이익 및 최대잠재손실 대비 이익률과 손실률의 비교

1년	전 체	관리자별	비관리자별
최대잠재이익주식 수익률	0.517	0.528	0.509
최대잠재손실주식 수익률	0.192	0.210	0.174
t - statistic	65.13	89.14	28.11
6개월	전 체	관리자별	비관리자별
최대잠재이익주식 수익률	0.509	0.522	0.491
최대잠재손실주식 수익률	0.159	0.186	0.134
t - statistic	75.43	120.05	35.14
3개월	전 체	관리자별	비관리자별
최대잠재이익주식 수익률	0.432	0.381	0.480
최대잠재손실주식 수익률	0.097	0.103	0.091
t - statistic	98.19	128.19	47.43
1개월	전 체	관리자별	비관리자별
최대잠재이익주식 수익률	0.378	0.365	0.389
최대잠재손실주식 수익률	0.075	0.086	0.066
t - statistic	69.90	89.90	26.91

[표 3-14]는 전체 기간 최대잠재이득 및 최대잠재손실 대비 이익률과 손실률을 비교한 것이다. 총 연구기간은 1999년 3월~2003년 2월이다. 전체 기간 연구데이터는 189,156개이고 그중 연구에 적합

하지 않은 데이터는 제외하고 139,020개를 연구하였다. 이 데이터로부터 당일매매에서 하나의 거래로 가공·처리한 전체 계좌 최대잠재이익은 30,388개, 최대잠재손실은 31,834개, 관리자별 계좌의 최대잠재이익은 25,116개, 최대잠재손실은 27,050개이며 비관리자별 계좌의 최대잠재이익은 5,272개, 최대잠재손실은 4,784개이다.

(5) 거래소, 코스닥시장 처분효과 검증

1) 빈도기준

[표 3-15]는 전체 기간 동안, 빈도기준 거래소, 코스닥시장의 PGR과 PLR을 나타내었다. 연구결과, 거래소, 코스닥시장 모두 이익종목을 손실종목보다 자주 매도한다는 것을 알 수 있었다. 또한, 개인투자자들은 거래소시장보다 코스닥시장에 더 많이 참여하지만('97년 거래소 30%, '99년 코스닥 52%, '01년 거래소 22%, 코스닥 46%), PGR-PLR의 차이가 없음을 보였다. 즉 이것은 투자자들의 투자성향과 시장별 간의 빈도기준은 별 차이가 없음을 보여 준다. 단측검정에서 t 값이 -1.65보다 작아야 성립한다고 볼 수 있다. 전체 기간으로 P 값은 0.01 이하에서 유의하며, t 값도 1.65보다 큰 2.56, 2.51이므로 귀무가설을 기각하여 통계적으로 유의하다고 볼 수 있다. 또한, 코스닥집단과 거래소집단 간의 차이가 유의한지에 대한 검정결과, t 값은 0.36, P 값은 0.3585이므로 유의하지 않은 것으로 나타났다.

[표 3-15] 빈도기준 거래소시장, 코스닥시장 PGR과 PLR 비율(전체 기간)

	거래소시장	코스닥시장
PLR	0.295	0.297
PGR	0.304	0.306
PGR-PLR	0.009	0.009
PGR/PLR	1.030	1.030
t-statistic	2.56	2.51
t-statistic(거래소와 코스닥)	PGR-PLR: 0.36	

[표 3-15]는 빈도기준 PGR과 PLR을 비교한 것이다. 총 연구기간은 1999년 3월~2003년 2월이다. 전체 기간 연구데이터는 151,913개이고 그중 연구에 불필요한 데이터는 제외하고 116,455개를 연구하였다. 이 데이터로부터 거래소시장 당일매매에서 하나의 거래로 가공·처리한 실현손익, 미실현손익은 436일(436개)이다. 또한, 이 데이터로부터 코스닥시장 당일매매에서 하나의 거래로 가공·처리한 실현손익, 미실현손익은 406일(406개)이다.

[표 3-16]은 전체 기간 관리자별 빈도기준 거래소, 코스닥시장의 PGR과 PLR을 나타내었다. 이러한 연구결과는 전체 계좌와 마찬가지로 이익종목을 손실종목보다 자주 매도한다는 것을 알 수 있었고 PGR-PLR의 차이도 없음을 보여 준다. 단측검정에서 t 값이 -1.65보다 작아야 성립한다고 볼 수 있다. 전체 기간으로 P 값은 0.01 이하에서 유의하지 않으며, t 값도 1.65보다 작은 0.85, 0.655이므로 귀무가설을 기각하지 못하여 통계적으로 유의하지 않다고 볼 수 있다.

[표 3-16] 거래소시장, 코스닥시장 관리자별 PGR과 PLR 비율(전체 기간)

	거래소시장	코스닥시장
PLR	0.292	0.298
PGR	0.298	0.303
PGR - PLR	0.006	0.005
PGR/PLR	1.020	1.016
t - statistic	0.850	0.655

[표 3-16]은 관리자별 빈도기준 PGR과 PLR을 비교한 것이다. 총 연구기간은 1999년 3월~2003년 2월이다. 전체 기간 연구데이터는 151,913개이고 그중 연구에 불필요한 데이터는 제외하고 116,455개를 연구하였다.

[표 3-17]은 전체 기간 동안, 비관리자별 빈도기준 거래소, 코스닥시장의 PGR과 PLR을 나타내었다. 이러한 연구결과는 전체 계좌와 마찬가지로 이익종목을 손실종목보다 자주 매도한다는 것을 알 수 있었고, PGR - PLR의 차이도 없음을 보여 준다. 단측검정에서 t 값이 - 1.65보다 작아야 성립한다고 볼 수 있다. 전체 기간으로 P 값은 0.01 이하에서 유의하며, t 값도 1.65보다 큰 1.80, 2.10이므로 귀무가설을 기각함으로써 통계적으로 유의하다고 볼 수 있다.

[표 3-17] 거래소시장, 코스닥시장 비관리자별 PGR과 PLR 비율(전체 기간)

	거래소시장	코스닥시장
PLR	0.307	0.307
PGR	0.326	0.327
PGR - PLR	0.019	0.020
PGR/PLR	1.062	1.065
t - statistic	1.80	2.10

[표 3 - 17]은 빈도기준 PGR과 PLR을 비교한 것이다. 총 연구기간은 1999년 3월~2003년 2월이다. 전체 기간 연구데이터는 37,243개이고 그중 연구에 불필요한 데이터는 제외하고 22,565개를 연구하였다.

2) 금액기준

[표 3 - 18]은 전체 기간 동안, 금액기준 거래소, 코스닥시장의 APGR과 APLR을 나타내었다. 연구결과, 거래소시장과 코스닥시장 모두 이익종목을 손실종목보다 자주 매도한다는 것을 알 수 있었다. 또한, 금액기준으로는 빈도기준과는 달리 코스닥시장에서 실현이익 비율이 실현손실비율보다 큼을 알 수 있다. 이것은 투자자들이 코스닥시장에서 금액기준으로 더 많은 이익실현을 한다고 볼 수 있다. 즉 개인투자자들은 거래소시장보다 코스닥시장에 더 많이 참여하며, 그에 따라 코스닥시장에서 APGR - APLR의 차이가 더 큼을 보여준다. 단측검정에서 t 값이 - 1.65보다 작아야 성립한다고 볼 수 있다. 전체 기간으로 P 값은 0.01 이하에서 유의하며, t 값도 1.65보다 큰 2.16, 4.35이므로 귀무가설을 기각하여 통계적으로 유의하다고 볼 수 있다. 또한, 코스닥시장의 APGR - APLR은 0.045이며, 이것은 거래소시장 0.021보다 크다는 것을 알 수 있다.

[표 3 - 18] 거래소시장, 코스닥시장 APGR과 APLR 비율(전체 기간)

	거래소시장	코스닥시장
APLR	0.209	0.204
APGR	0.230	0.249
APGR - APLR	0.021	0.045

	거래소시장	코스닥시장
APGR/APLR	1.100	1.2206
t – statistic	2.16	4.35

[표 3 – 18]은 금액기준 APGR과 APLR을 비교한 것이다. 총 연구기간은 1999년 3월~2003년 2월이다. 전체 기간 연구데이터는 151,913개이고 그중 연구에 불필요한 데이터는 제외하고 116,455개를 연구하였다. 이 데이터로부터 거래소시장 당일매매에서는 하나의 거래로 가공·처리한 실현손익, 미실현손익은 436일(436개)이다. 또한, 이 데이터로부터 코스닥시장 당일매매에서는 하나의 거래로 가공·처리한 실현손익, 미실현손익은 406일(406개)이다.

[표 3 – 19]는 전체 기간 동안, 금액기준 관리자별 거래소, 코스닥시장의 APGR과 APLR을 나타내었다. 연구결과, 전체 계좌와 마찬가지로 이익종목을 손실종목보다 자주 매도한다는 것을 알 수 있었고 코스닥시장에서 APGR – APLR의 차이가 더 큼을 보여 준다. 단측검정에서 t 값이 – 1.65보다 작아야 성립한다고 볼 수 있다. 전체 기간으로 P 값은 0.01 이하에서 유의하며, t 값도 1.65보다 큰 2.48, 4.00이므로 귀무가설을 기각하여 통계적으로 유의하다고 볼 수 있다. 또한, 코스닥시장의 APGR – APLR은 0.046이며, 이것은 거래소시장 0.027보다 큼을 알 수 있다.

[표 3 – 19] 거래소시장, 코스닥시장 관리자별 APGR과 APLR 비율(전체 기간)

	거래소시장	코스닥시장
APLR	0.202	0.194
APGR	0.229	0.240

	거래소시장	코스닥시장
APGR－APLR	0.027	0.046
APGR/APLR	1.133	1.237
t－statistic	2.48	4.00

[표 3－19]는 금액기준 APGR과 APLR을 비교한 것이다. 총 연구기간은 1999년 3월~2003년 2월이다. 전체 기간 연구데이터는 37,243개이고 그중 연구에 불필요한 데이터는 제외하고 22,565개를 연구하였다.

[표 3－20]은 전체 기간의 금액기준 비관리자별 거래소, 코스닥시장의 APGR과 APLR을 나타내었다. 연구결과, 전체 계좌와 마찬가지로 이익종목을 손실종목보다 자주 매도한다는 것을 알 수 있었고, 코스닥시장에서 APGR－APLR의 차이가 더 큼을 보여 준다. 단측검정에서 t 값이 1.65보다 커야 성립한다고 볼 수 있다. 연구결과 전체 기간으로 P 값은 0.01 이하에서 유의하며, t 값도 1.65보다 큰 2.10, 1.90이므로 귀무가설을 기각하여 통계적으로 유의하다고 볼 수 있다.

[표 3-20] 거래소시장, 코스닥시장 비관리자별 APGR과 APLR 비율(전체 기간)

	거래소시장	코스닥시장
APLR	0.231	0.234
APGR	0.234	0.280
APGR－APLR	0.003	0.046
APGR/APLR	1.012	1.196
t－statistic	2.10	1.90

[표 3 - 20]은 금액기준 APGR과 APLR을 비교한 것이다. 총 연구기간은 1999년 3월~2003년 2월이다. 전체 기간 연구데이터는 151,913개이고 그중 연구에 불필요한 데이터는 제외하고 116,455개를 연구하였다.

관리자별, 비관리자별 계좌를 비교해 보면, 거래소시장의 APGR - APLR은 0.027, 0.003이고, 코스닥시장의 APGR - APLR은 0.046, 0.046이다. 이러한 연구결과, 코스닥시장에서는 투자 상담 관여 · 비관여에 상관없이 이익실현 거래를 많이 한다고 볼 수 있다.

[표 3 - 21] 거래소시장 실현손익금과 미실현손익금 비교

(전체 기간, 단위: 백만)

전체 계좌	실현이익금	실현손실금	미실현이익금	미실현손실금
금 액	2,865	4,810	26,283	44,881
실현손실/실현이익			1.68	
t - statistic(실현이익, 실현손실)			7.08	
미실현손실/미실현이익			1.66	
t - statistic(미실현이익, 미실현손실)			6.10	
관리자별	실현이익금	실현손실금	미실현이익금	미실현손실금
금 액	2,507	3,573	22,166	31,618
실현손실/실현이익			1.43	
t - statistic(실현이익, 실현손실)			6.76	
미실현손실/미실현이익			1.43	
t - statistic(미실현이익, 미실현손실)			5.80	
비관리자별	실현이익금	실현손실금	미실현이익금	미실현손실금
금 액	357	1,056	4,117	13,263
실현손실/실현이익			2.95	
t - statistic(실현이익, 실현손실)			2.01	
미실현손실/미실현이익			3.22	
t - statistic(미실현이익, 미실현손실)			2.51	

*p - value: 0.01 이하에서 유의함.

[표 3-21]에서 전체 기간의 실현이익, 실현손실, 미실현이익, 미실현손실금을 비교해 본 결과, 실현손실금이 실현이익금보다 68% 정도 많은 것으로 나타났다. 또한 미실현손실금은 미실현이익금보다 66% 정도 많은 것으로 나타났다. 관리자별 실현이익, 실현손실, 미실현이익, 미실현손실금을 비교해 본 결과, 실현손실금이 실현이익금보다 43% 정도 많은 것으로 나타났고, 미실현손실금은 미실현이익금보다 43% 정도 많은 것으로 나타났다. 비관리자별 실현이익, 실현손실, 미실현이익, 미실현손실금을 비교해 본 결과, 실현손실금이 실현이익금보다 195% 정도 많은 것으로 나타났고 미실현손실금은 미실현이익금보다 222% 정도 많은 것으로 나타났다.

[표 3-22] 코스닥시장 실현손익금과 미실현손익금 비교

(전체 기간, 단위: 백만 원)

전체 계좌	실현이익금	실현손실금	미실현이익금	미실현손실금
금 액	3,175	5,395	20,878	43,857
실현손실/실현이익			1.70	
t-statistic(실현이익, 실현손실)			4.54	
미실현손실/미실현이익			2.10	
t-statistic(미실현이익, 미실현손실)			4.39	
관리자별	실현이익금	실현손실금	미실현이익금	미실현손실금
금 액	2,230	4,187	16,534	35,929
실현손실/실현이익			1.87	
t-statistic(실현이익, 실현손실)			6.27	
미실현손실/미실현이익			2.17	
t-statistic(미실현이익, 미실현손실)			4.48	
비관리자별	실현이익금	실현손실금	미실현이익금	미실현손실금
금 액	945	1,208	4,343	7,928
실현손실/실현이익			1.27	
t-statistic(실현이익, 실현손실)			2.01	

전체 계좌	실현이익금	실현손실금	미실현이익금	미실현손실금
미실현손실/미실현이익			1.82	
비관리자별	실현이익금	실현손실금	미실현이익금	미실현손실금
t − statistic(미실현이익, 미실현손실)			2.54	

*p − value: 0.01 이하에서 유의함.

[표 3 − 22]에서 전체 기간의 실현이익, 실현손실, 미실현이익, 미실현손실금을 비교해 본 결과, 실현손실금이 실현이익금보다 70% 정도 많은 것으로 나타났고 미실현손실금은 미실현이익금보다 110% 정도 많은 것으로 나타났다. 관리자별 실현이익, 실현손실, 미실현이익, 미실현손실금을 비교해 본 결과, 실현손실금이 실현이익금보다 87% 정도 많은 것으로 나타났고 미실현손실금은 미실현이익 금액보다 117% 정도 많은 것으로 나타났다. 비관리자별 실현이익, 실현손실, 미실현이익, 미실현손실금을 비교해 본 결과, 실현손실금이 실현이익금보다 27% 정도 많은 것으로 나타났고 미실현손실금은 미실현이익금보다 82% 정도 많은 것으로 나타났다. 전체 기간으로 P 값은 0.01 이하에서 유의하며, t 값도 1.65보다 큰 거래소시장은 7.08, 6.10, 코스닥시장은 4.54, 4.39이므로 귀무가설을 기각하여 통계적으로 유의하다고 볼 수 있다.

[표 3 − 21, 3 − 22]에서의 연구결과, 코스닥시장의 (미실현손실/미실현이익)비율이 거래소시장의 (미실현손실/미실현이익)비율보다 더 큼을 알 수 있다. 즉 코스닥시장에서는 금액기준으로 실현이익을 많이 발생시키지만, 미실현손실금이 거래소시장보다 크기 때문에 더 위험추구적 행태를 보임을 알 수 있다.

(6) 거래수익률 기준 처분효과 검증

처분효과에 따른 연구결과는 [표 3 - 23]에서 4년 동안의 RPGR과 RPLR을 수익률 기준으로 구분해서 나타내었다. 전체 기간 동안 30% 이상 수익률계좌는 없었으며, 수익률과 상관없이 RPGR이 RPLR보다 크다는 것을 알 수 있었다. 또한, 수익률이 높을수록 RPGR - RPLR이 점점 커짐을 알 수 있다. 이 결과는 실현이익률 비율이 실현손실률 비율보다 높을수록, 이익률이 많다는 것을 의미한다. 즉 이익률집단이 높을수록 실현이익률이 높다는 것을 말한다. 빈도기준과 금액기준과는 달리, 수익률로 계산되었기 때문에 이런 현상이 나타난다고 볼 수 있다. 전체 기간을 대상으로 한 P 값은 0.01 이하에서 유의하며, t 값도 1.65보다 큰 2.17, 2.72, 2.95이므로 귀무가설을 기각하여 통계적으로 유의하다고 볼 수 있겠다.

[표 3 - 23] 수익률 기준 RPGR과 RPLR의 비율(전체 계좌)

	- 30% 이하	- 30% ~ 0	0 ~ 30%
RPLR	0.204	0.186	0.209
RPGR	0.226	0.215	0.256
RPGR - RPLR	0.022	0.029	0.047
RPGR/RPLR	1.107	1.155	1.224
t - statistic	2.17	2.72	2.95

[표 3 - 23]은 RPGR과 RPLR의 금액을 비교한 것이다. 종 연구기간은 1999년 3월~2003년 2월이다. 전체 기간 연구데이터는 189,156개이고 그중 연구에 적합하지 않은 데이터는 제외하고 139,020개늘

연구하였다. 이 데이터로부터 당일매매에서 하나의 거래로 가공·처리한 −30% 이하 실현손익, 미실현손익은 117일(117개)이며, −30%∼0% 실현손익, 미실현손익 296일(296개), 0∼30% 실현손익, 미실현손익은 197일(197개)이다.

관리자별 처분효과에 따른 연구결과는 [표 3−24]에서 4년 동안의 RPGR과 RPLR을 수익률 기준으로 구분해서 나타내었다. 전체 기간 동안 30% 이상 수익률계좌는 없었으며, 수익률과 상관없이 RPGR이 RPLR보다 크다는 것을 알 수 있었다. 수익률이 높을수록 RPGR−RPLR이 점점 커짐을 알 수 있다. 이 결과는 전체 계좌와 마찬가지이다. 전체 기간을 대상으로 한 P 값은 −30%를 제외하고 0.01 이하에서 유의하며, t 값도 1.65보다 큰 2.55, 3.76이므로 귀무가설을 기각하여 통계적으로 유의하다고 볼 수 있겠다.

[표 3−24] 수익률기준 관리자별 RPGR과 RPLR 비율(전체 기간)

	−30% 이하	−30%∼0	0∼30%
RPLR	0.195	0.180	0.185
RPGR	0.211	0.208	0.268
RPGR−RPLR	0.016	0.028	0.083
RPGR/RPLR	1.082	1.155	1.448
t−statistic	0.70	2.55	3.76

[표 3−24]는 관리자별 RPGR과 RPLR의 금액을 비교한 것이다. 총 연구기간은 1999년 3월∼2003년 2월이다. 전체 기간 연구데이터는 189,156개이고 그중 연구에 적합하지 않은 데이터는 제외하고 139,020개를 연구하였다. 이 데이터로부터 당일매매에서 하나의 거

래로 가공·처리한 −30% 이하 실현손익, 미실현손익은 99일(99개)이며, −30%∼0% 실현손익, 미실현손익은 254일(254개), 0∼30% 실현손익, 미실현손익은 75일(75개)이다.

비관리자별 처분효과에 따른 연구결과는 [표 3−25]에서 4년 동안의 RPGR과 RPLR을 수익률 기준으로 구분해서 나타내었다. 전체 기간 동안 30% 이상 수익률계좌는 없었으며, RPGR과 RPLR이 구분이 없는 것으로 나타났다. 전체 기간을 대상으로 한 P 값은 0.01 이하에서 유의하지 않으며, t 값도 1.65보다 작은 0.73, 0.97, 0.45이므로 귀무가설을 기각하지 못하여 통계적으로 유의하지 않다고 볼 수 있겠다.

[표 3−25] 수익률기준 비관리자별 RPGR과 RPLR 비율(전체 기간)

	−30% 이하	−30%∼0	0∼30%
RPLR	0.169	0.222	0.234
RPGR	0.221	0.255	0.244
RPGR − RPLR	0.052	0.033	0.010
RPGR/RPLR	1.307	1.148	1.047
t − statistic	0.73	0.97	0.45

[표 3−25]는 RPGR과 RPLR의 금액을 비교한 것이다. 총 연구기간은 1999년 3월∼2003년 2월이다. 전체 기간 연구데이터는 189,156개이고 그중 연구에 적합하지 않은 데이터는 제외하고 139,020개를 연구하였다. 이 데이터로부터 당일매매에서 하나의 거래로 가공·처리한 −30% 이하 실현손익, 미실현손익은 8일(8개)이며, −30%∼0% 실현손익, 미실현손익은 42일(42개), 0∼30% 실현손익, 미실현손익은 97일(97개)이다.

(7) 포트폴리오 재구성 검증

포트폴리오 재구성에 관한 연구결과는 [표 3 - 26]에서 4년 동안의 PGR과 PLR을 빈도기준으로 나타내었다. 전체, 관리자별, 비관리자별 계좌 모두 포트폴리오 재구성에 따른 투자자들의 PLR/PGR 차이점이 포트폴리오 재구성하기 전과 별 차이가 없는 것을 알 수 있었다. 이런 결과는 처분효과가 포트폴리오 재구성 때문에 나타나는 현상이 아님을 알 수 있다. 전체 기간을 대상으로 한 P 값은 0.01 이하에서 유의하며, t 값도 1.65보다 큰 4.33, 4.38이므로 통계적으로도 유의하다고 볼 수 있다. 그러나 비관리자별 계좌를 대상으로 한 P 값은 0.01 이하에서 유의하지 않으며, t 값도 1.65보다 적은 0.90이므로 통계적으로 유의하지 않다고 볼 수 있다. 결론적으로 PGR 값이 PLR 값보다 크므로 포트폴리오 재구성에 의해서 처분효과가 나타나지 않는다고 볼 수 있다.

[표 3 - 26] 전체 계좌 포트폴리오 재구성에 관한 검증 PGR과 PLR 비율(전체 기간)

	전체 계좌	관리자별	비관리자별
PLR	0.200	0.187	0.275
PGPGR	0.275	0.267	0.325
PGR - PLR	0.075	0.080	0.050
PGR/PLR	1.379	1.427	1.181
t - statistic	4.33	4.38	0.90

[표 3 - 26]은 PGR과 PLR의 빈도기준으로 비교한 것이다. 총 연구기간은 1999년 3월~2003년 2월이다. 전체 기간 연구데이터는

189,156개이고 그중 연구에 적합하지 않은 데이터는 제외하고 50,180개를 연구하였다. 이 데이터로부터 당일매매에서 하나의 거래로 가공·처리한 실현손익, 미실현손익은 193일(193개), 관리자별 167일(167개), 비관리자별 27일(27개)이다.

(8) 거래구분으로의 처분효과 검증

1) 빈도기준

처분효과에 따른 전체 계좌 연구결과는 [표 3 – 27]에서 4년 동안의 PGR과 PLR을 빈도기준으로 구분해서 나타내었다. 연구결과, 상위 30% 투자자들과 하위 70%[80] 투자자들의 PGR/PLR 차이점이 나타남을 알 수 있었다. 즉 거래빈도 상위 30% 투자자들은 70% 투자자들보다 실현이익을 더 많이 처분하는 것을 알 수 있다. 이러한 연구는 거래빈도가 많은 투자자일수록 이익에 대해서 위험회피적인 투자행태를 보임을 알 수 있다. 전체 기간을 대상으로 한 P 값은 0.01 이하에서 유의하며, t 값도 1.65보다 큰 2.96, 3.58이므로 귀무가설을 기각하여 통계적으로 유의하다고 볼 수 있겠다.

[표 3-27] 빈도기준 PGR과 PLR 비율(전체 계좌)

	거래빈도 하위 70% 투자자	거래빈도 상위 30% 투자자
PLR	0.155	0.211
PGPGR	0.174	0.252

---

80) 본 연구는 거래구분을 30% 이하로 세밀하게 구분하려 하였으나 통계적으로 유의하지 않아 30%로 구분하였다.

	거래빈도 하위 **70%** 투자자	거래빈도 상위 **30%** 투자자
PGR - PLR	0.019	0.041
PGR/PLR	1.122	1.194
t - statistic	2.96	3.58

　[표 3 - 27]은 PGR과 PLR의 거래빈도기준으로 비교한 것이다. 총 연구기간은 1999년 3월~2003년 2월이다. 전체 기간 연구데이터는 189,156개이고 그중 연구에 적합하지 않은 데이터는 제외하고 139,020개를 연구하였다. 이 데이터로부터 당일매매에서 거래빈도 상위 30% 투자자가 하나의 거래로 가공·처리한 실현손익, 미실현손익은 174일(174개)이다. 또한, 당일매매에서 거래빈도 하위 70% 투자자가 하나의 거래로 가공·처리한 실현손익, 미실현손익은 406일(406개)이다.

　처분효과에 따른 관리자별 연구결과는 [표 3 - 28]에서 4년 동안의 PGR과 PLR을 빈도기준으로 구분해서 나타내었다. 연구결과, 전체 계좌와 마찬가지로 상위 30% 투자자들이 하위 70% 투자자들보다 PGR/PLR 차이점이 큼을 알 수 있었다. 전체 기간을 대상으로 한 P 값은 0.01 이하에서 유의하며, t 값도 1.65보다 큰 1.83, 3.94이므로 귀무가설을 기각하여 통계적으로 유의하다고 볼 수 있겠다.

[표 3 - 28] 빈도기준 관리자별 PGR과 PLR 비율(전체 기간)

	거래빈도 하위 **70%** 투자자	거래빈도 상위 **30%** 투자자
PLR	0.155	0.196
PGPGR	0.168	0.246
PGR - PLR	0.014	0.050
PGR/PLR	1.090	1.255
t - statistic	1.83	3.94

[표 3 - 28]은 PGR과 PLR의 거래빈도기준으로 비교한 것이다. 총 연구기간은 1999년 3월~2003년 2월이다. 전체 기간 연구데이터는 189,156개이고 그중 연구에 적합하지 않은 데이터는 제외하고 139,020개를 연구하였다. 이 데이터로부터 당일매매에서 거래빈도 상위 30% 투자자가 하나의 거래로 가공·처리한 실현손익, 미실현손익은 128일(128개)이다. 또한, 당일매매에서 거래빈도 하위 70% 투자자가 하나의 거래로 가공·처리한 실현손익, 미실현손익은 299일(299개)이다.

처분효과에 따른 비관리자별 연구결과는 [표 3 - 29]에서 4년 동안의 PGR과 PLR을 빈도기준으로 구분해서 나타내었다. 연구결과, 상위 30% 투자자들과 하위 70% 투자자들의 PGR/PLR 차이점이 없는 것을 알 수 있었다. 그러나 전체 기간을 대상으로 한 P 값은 유의하지 않으며, t 값도 1.65보다 적은 1.19, 0.80이므로 귀무가설을 기각하지 못한다. 결과적으로 통계적으로 유의하지 않았다.

[표 3 - 29] 빈도기준 비관리자별 PGR과 PLR 비율(전체 기간)

	거래빈도 하위 70% 투자자	거래빈도 상위 30% 투자자
PLR	0.173	0.249
PGPGR	0.193	0.269
PGR - PLR	0.020	0.020
PGR/PLR	1.115	1.080
t - statistic	1.19	0.80

[표 3 - 29]는 PGR과 PLR의 거래빈도기준으로 비교한 것이다. 총 연구기간은 1999년 3월~2003년 2월이나. 전체 기간 연구데이터는

189,156개이고 그중 연구에 적합하지 않은 데이터는 제외하고 139,020개를 연구하였다. 이 데이터로부터 당일매매에서 거래빈도 상위 30% 투자자가 하나의 거래로 가공·처리한 실현손익, 미실현손익은 49일(49개)이다. 또한, 당일매매에서 거래빈도 하위 70% 투자자가 하나의 거래로 가공·처리한 실현손익, 미실현손익은 104일(104개)이다.

2) 금액기준

[표 3-30] 전체 계좌 거래빈도 상위 30% 실현손익금과 미실현손익금 비교

(전체 기간, 단위: 백만 원)

전체 계좌	실현이익금	실현손실금	미실현이익금	미실현손실금
금 액	4,557	8,130	34,213	57,041
실현손실/실현이익			1.78	
t-statistic(실현이익, 실현손실)			4.29	
미실현손실/미실현이익			1.67	
t-statistic(미실현이익, 미실현손실)			5.69	
관리자별	실현이익금	실현손실금	미실현이익금	미실현손실금
금 액	3,428	5,854	26,906	52,783
실현손실/실현이익			1.70	
t-statistic(실현이익, 실현손실)			6.18	
미실현손실/미실현이익			1.96	
t-statistic(미실현이익, 미실현손실)			5.44	
비관리자별	실현이익금	실현손실금	미실현이익금	미실현손실금
금 액	1,197	2,075	8,142	20,637
실현손실/실현이익			1.73	
t-statistic(실현이익, 실현손실)			2.10	
미실현손실/미실현이익			2.53	
t-statistic(미실현이익, 미실현손실)			2.01	

*p-value: 0.01 이하에서 유의함.

[표 4 - 30]에서 전체 기간의 전체 계좌 거래빈도 상위 30% 실현이익, 실현손실, 미실현이익, 미실현손실금을 비교해 본 결과, 실현손실금이 실현이익금보다 78% 정도 많은 것으로 나타났다. 또한 미실현손실금은 미실현이익금보다 67% 정도 많은 것으로 나타났다. 관리자별 거래빈도 상위 30% 실현이익, 실현손실, 미실현이익, 미실현손실금을 비교해 본 결과, 실현손실금이 실현이익금보다 70% 정도 많은 것으로 나타났고 미실현손실금은 미실현이익금보다 96% 정도 많은 것으로 나타났다. 비관리자별 거래빈도 상위 30% 실현이익, 실현손실, 미실현이익, 미실현손실금을 비교해 본 결과, 실현손실금이 실현이익금보다 73% 정도 많은 것으로 나타났고 미실현손실금은 미실현이익금보다 153% 정도 많은 것으로 나타났다.

[표 3 - 31] 전체 계좌 거래빈도 하위 **70%** 실현이익, 손실금과 미실현이익, 손실금비교

(전체 기간, 단위: 백만 원)

전체 계좌	실현이익금	실현손실금	미실현이익금	미실현손실금
금 액	1,574	2,284	13,291	33,236
실현손실/실현이익			1.45	
t - statistic(실현이익, 실현손실)			8.96	
미실현손실/미실현이익			2.50	
t - statistic(미실현이익, 미실현손실)			2.80	
관리자별	실현이익금	실현손실금	미실현이익금	미실현손실금
금 액	1,386	2,184	12,084	15,885
실현손실/실현이익			1.58	
t - statistic(실현이익, 실현손실)			8.24	
미실현손실/미실현이익			1.31	
t - statistic(미실현이익, 미실현손실)			5.42	

비관리자별	실현이익금	실현손실금	미실현이익금	미실현손실금
금 액	120	300	371	971
실현손실/실현이익			2.50	
t - statistic(실현이익, 실현손실)			5.46	
미실현손실/미실현이익			2.62	
t - statistic(미실현이익, 미실현손실)			4.77	

*p - value: 0.01 이하에서 유의함.

[표 3 - 31]에서 전체 기간(1999년 3월~2003년 2월) 동안 전체 계좌 거래빈도 하위 70% 실현이익, 실현손실, 미실현이익, 미실현손실금을 비교해 본 결과, 실현손실금이 실현이익금보다 45% 정도 많은 것으로 나타났다. 또한, 미실현손실금은 미실현이익금보다 150% 정도 많은 것으로 나타났다. 관리자별 거래빈도 하위 70% 실현이익, 실현손실, 미실현이익, 미실현손실금을 비교해 본 결과, 실현손실금이 실현이익금보다 58% 정도 많은 것으로 나타났고, 미실현손실금은 미실현이익금보다 31% 정도 많은 것으로 나타났다. 비관리자별 거래빈도 하위 70% 실현이익, 실현손실, 미실현이익, 미실현손실금을 비교해 본 결과, 실현손실금이 실현이익금보다 150% 정도 많은 것으로 나타났고 미실현손실금은 미실현이익금보다 162% 정도 많은 것으로 나타났다.

이러한 연구결과는 거래빈도 상위 30%의 실현손실/실현이익 비율이 거래빈도 하위 70%의 실현손실/실현이익 비율보다 손실이 큼을 알 수 있다. 이것은 거래빈도가 많을수록 이익실현의 크기보다 손실실현의 크기가 더 큼을 나타내며, 반대로 거래빈도가 적을수록 미실현손실이 크다는 것을 보여 준다. 이것은 손실에 대해서 거래빈도 상위 30% 투자자들보다 위험추구적 성향을 보이기 때문이라고 판단된다. 또한, 거래구분 집단 간의 차이 유의성 검정에서 t 값이 3.58로 P 값 1% 수준에서 유의한 것으로 나타났다.

(9) 성별 구분 처분효과 검증

1) 빈도기준

성별 처분효과에 따른 연구결과는 [표 3-32]에서 4년 동안의 PGR과 PLR을 거래빈도기준으로 구분해서 나타내었다. 연구결과, 남성투자자들이 여성투자자들보다 PGR/PLR 차이점이 큼을 알 수 있었다. 남성들이 여성보다 더 많은 자신감을 갖고 거래를 자주 한다는 기존 연구들과 같은 결과이다. 그러나 그 차이는 크지 않은 것으로 보이며, 투자 상담에 따른 매매왜곡현상으로 이런 현상이 나타났다고 볼 수도 있다. 전체 기간을 대상으로 한 남성 P 값은 0.01 이하에서 유의하며, 여성 P 값은 0.05 이하에서 유의하다. t 값도 1.65보다 큰 3.56, 1.88이고 귀무가설을 기각하여 통계적으로 유의하다고 볼 수 있다. 또한, 남성과 여성 집단 간 차이가 유의한지에 대한 검증 결과, t 값이 0.18, P 값이 0.4270으로 집단 간의 차이가 유의하지 않은 것으로 나타났다.

[표 3-32] 전체 계좌 빈도기준 성별 PGR과 PLR 비율(전체 기간)

	남 성	여 성
PLR	0.192	0.203
PGPGR	0.227	0.232
PGR-PLR	0.035	0.029

	남 성	여 성
PGR/PLR	1.182	1.142
t – statistic	3.56	1.88
t – statistic(남성과 여성)	PGR – PLR: 0.18	

[표 3 – 32]는 PGR과 PLR의 관리자 성별 빈도기준으로 비교한 것이다. 총 연구기간은 1999년 3월~2003년 2월이다. 전체 기간 연구데이터는 189,156개이고 그중 연구에 적합하지 않은 데이터는 제외하고 139,020개를 연구하였다. 이 데이터로부터 당일매매에서 하나의 거래로 가공 · 처리한 남성 실현손익, 미실현손익은 422일(422개)이며. 여성 실현손익, 미실현손익은 157일(157개)이다.

성별 처분효과에 따른 관리자별 연구결과는 [표 3 – 33]에서 4년 동안의 PGR과 PLR을 거래빈도기준으로 구분해서 나타내었다. 연구결과, 남성투자자들이 여성투자자들보다 PGR/PLR 차이점이 적음을 알 수 있었다. 남성들이 여성들보다 더 많은 자신감을 갖고 거래를 자주 한다는 기존 연구들과 다른 결과이다. 이것은 증권사직원의 투자 상담 영향력이 큼을 알 수 있다. 전체 기간을 대상으로 한 P 값은 0.01 이하에서 유의하며, t 값도 1.65보다 큰 3.30, 2.50이므로 귀무가설을 기각하여 통계적으로 유의하다고 볼 수 있다.

[표 3-33] 빈도기준 관리자별 성별 PGR과 PLR 비율(전체 기간)

	남 성	여 성
PLR	0.185	0.180
PGPGR	0.220	0.226
PGR – PLR	0.035	0.046
PGR/PLR	1.189	1.255
t – statistic	3.30	2.50

[표 3-33]은 PGR과 PLR의 관리자 성별 빈도기준으로 비교한 것이다. 총 연구기간은 1999년 3월~2003년 2월이다. 전체 기간 연구데이터는 189,156개이고 그중 연구에 적합하지 않은 데이터는 제외하고 139,020개를 연구하였다. 이 데이터로부터 당일매매에서 하나의 거래로 가공·처리한 남성 실현손익, 미실현손익은 328일(324개)이며 여성 실현손익, 미실현손익은 101일(101개)이다.

성별 처분효과에 따른 비관리자별 연구결과는 [표 3-34]에서 4년 동안의 PGR과 PLR을 빈도기준으로 구분해서 나타내었다. 연구결과, 남성투자자들이 여성투자자들보다 PGR/PLR 차이점이 큼을 알 수 있었다. 남성들이 여성보다 더 많은 자신감을 갖고 거래를 자주 한다는 기존 연구들과 같은 결과이다. 투자 상담이 덜 관여되는 비관리자별 계좌는 남성들이 위험추구적 성향이 많음을 알 수 있다. 그렇지만 전체 기간을 대상으로 한 P 값은 0.01 이하에서 유의하지 않으며, t 값도 1.65보다 적은 1.42, -0.04이므로 귀무가설을 기각하지 못하여 통계적으로 유의하지 않다고 볼 수 있겠다.

[표 3-34] 빈도기준 비관리자별 성별 PGR과 PLR 비율(전체 기간)

	남 성	여 성
PLR	0.215	0.242
PGPGR	0.247	0.241
PGR - PLR	0.032	- 0.001
PGR/PLR	1.148	1.004
t - statistic	1.42	- 0.04

[표 3-34]는 PGR과 PLR의 비관리자 성별 빈노기순으로 비교한

것이다. 총 연구기간은 1999년 3월~2003년 2월이다. 전체 기간 연구데이터는 189,156개이고 그중 연구에 적합하지 않은 데이터는 제외하고 139,020개를 연구하였다. 이 데이터로부터 당일매매에서 하나의 거래로 가공·처리한 남성 실현손익, 미실현손익은 96일(96개)이며, 여성 실현손익, 미실현손익은 58일(58개)이다.

2) 금액기준

성별 처분효과에 따른 연구결과는 [표 3 - 35]에서 4년 동안의 APGR과 APLR을 거래금액기준으로 구분해서 나타내었다. 연구결과, 남성투자자들과 여성투자자들의 APGR/APLR의 차이점을 볼 때, 차이가 없음을 알 수 있었다. 남성들이 여성들보다 많은 자신감을 갖고 거래를 자주 한다는 기존 연구들과 다른 결과이다. 빈도기준, 금액기준을 종합적으로 봤을 때, 성별 처분효과는 국내에서 나타나지 않음을 알 수 있다. 전체 기간을 대상으로 한 남성 P 값은 0.01 이하에서 유의하였지만, 여성 P 값은 0.01 이하에서 유의하지 않았다.

[표 3 - 35] 전체 계좌 금액기준 성별 APGR과 APLR 비율(전체 기간)

	남 성	여 성
APLR	0.289	0.290
PGAPGR	0.299	0.299
APGR - APLR	0.10	0.009
APGR/APLR	1.034	1.031
t - statistic	2.1	0.95

[표 3 - 35]는 APGR과 APLR의 관리자 성별 거래금액기준으로

비교한 것이다. 총 연구기간은 1999년 3월~2003년 2월이다. 전체 기간 연구데이터는 189,156개이고 그중 연구에 적합하지 않은 데이터는 제외하고 139,020개를 연구하였다. 이 데이터로부터 당일매매에서 하나의 거래로 가공·처리한 남성 실현손익, 미실현손익은 422일(422개)이며. 여성 실현손익, 미실현손익은 157일(157개)이다.

처분효과에 따른 관리자별 연구결과는 [표 3-36]에서 4년 동안의 APGR과 APLR을 거래금액기준으로 구분해서 나타내었다. 연구결과, 남성투자자들이 여성투자자들보다 APGR/APLR의 차이점이 없음을 알 수 있었다. 여성들이 남성들보다 거래를 자주 하였고, 여성들이 이익금도 많은 것으로 나타나서 기존 연구들과 다른 결과가 나왔다. 그렇지만 전체 기간을 대상으로 한 P 값은 0.01 이하에서 유의하지 않았으며, t 값도 1.65보다 작은1.42, 0.71이므로 귀무가설을 기각하지 못하여 통계적으로 유의하지 않았다.

[표 3-36] 금액기준 관리자별 성별 APGR과 APLR 비율

	남 성	여 성
APLR	0.286	0.288
PGAPGR	0.295	0.295
APGR - APLR	0.009	0.007
APGR/APLR	1.031	1.024
t - statistic	1.42	0.71

[표 3-36]은 APGR과 APLR의 관리자 성별 거래금액기준으로 비교한 것이다. 총 연구기간은 1999년 3월~2003년 2월이다. 전체 기간 연구데이터는 189,156개이고 그중 연구에 적합하지 않은 데이

터는 제외하고 139,020개를 연구하였다. 이 데이터로부터 당일매매
에서 하나의 거래로 가공·처리한 남성 실현손익, 미실현손익은 327
일(327개)이며 여성 실현손익, 미실현손익은 100일(100개)이다.

성별 처분효과에 따른 비관리자별 연구결과는 [표 3-37]에서 4년
동안의 APGR과 APLR을 금액기준으로 구분해서 나타내었다. 연구
결과, 남성투자자들이 여성투자자들보다 APGR/APLR 차이점이 없
음을 알 수 있었다. 남성들이 여성들보다 많은 자신감을 갖고 거래
를 자주 한다는 기존 연구들과 다른 결과이다. 또한, 전체 기간을 대
상으로 한 남성, 여성 P 값도 0.01 이하에서 유의하지 않으며, t 값
도 1.65보다 적은 0.97, 0.62이다.

[표 3-37] 금액기준 비관리자별 성별 APGR과 APLR 비율

	남 성	여 성
APLR	0.300	0.295
PGAPGR	0.313	0.305
APGR - APLR	0.013	0.010
APGR/APLR	1.043	1.033
t - statistic	0.97	0.62

[표 3-37]은 APGR과 APLR의 비관리자 성별 금액기준으로 비
교한 것이다. 총 연구기간은 1999년 3월~2003년 2월이다. 전체 기
간 연구데이터는 189,156개이고 그중 연구에 적합하지 않은 데이터
는 제외하고 139,020개를 연구하였다. 이 데이터로부터 당일매매에
서 하나의 거래로 가공·처리한 남성 실현손익, 미실현손익은 96일
(96개)이며, 여성 실현손익, 미실현손익은 58일(58개)이다.

[**표 3 - 38**] 전체 계좌 남성 실현손익금과 미실현손익금 비교

(전체 기간, 단위: 백만 원)

전체 계좌	실현이익금	실현손실금	미실현이익금	미실현손실금
금 액	4,874	8,430	33,811	77,097
실현손실/실현이익			1.72	
t - statistic(실현이익, 실현손실)			4.45	
미실현손실/미실현이익			2.28	
t - statistic(미실현이익, 미실현손실)			4.11	
관리자별	실현이익금	실현손실금	미실현이익금	미실현손실금
금 액	3,626	6,307	26,364	56,465
실현손실/실현이익			1.74	
t - statistic(실현이익, 실현손실)			6.51	
미실현손실/미실현이익			2.14	
t - statistic(미실현이익, 미실현손실)			5.55	
비관리자별	실현이익금	실현손실금	미실현이익금	미실현손실금
금 액	1,247	2,122	7,447	20,632
실현손실/실현이익			1.70	
t - statistic(실현이익, 실현손실)			2.30	
미실현손실/미실현이익			2.77	
t - statistic(미실현이익, 미실현손실)			2.10	

*p - value: 0.01 이하에서 유의함.

[표 3 - 38]에서 전체 기간의 남성 실현이익, 실현손실, 미실현이익, 미실현손실금을 비교해 본 결과, 실현손실금이 실현이익금보다 72% 정도 많은 것으로 나타났고 미실현손실금은 미실현이익금보다 128% 정도 많은 것으로 나타났다. 관리자별 남성 실현이익, 실현손실, 미실현이익, 미실현손실금을 비교해 본 결과, 실현손실금이 실현이익금보다 74% 정도 많은 것으로 나타났고 미실현손실금은 미실현이익금보다 114% 정도 많은 것으로 나타났다. 비관리자별 남성 실현이익, 실현손실, 미실현이익, 미실현손실금을 비교해 본 결과, 실현

손실금이 실현이익금보다 70% 정도 많은 것으로 나타났고 미실현손
실금은 미실현이익금보다 177% 정도 많은 것으로 나타났다.

[표 3-39] 전체 계좌 여성 실현손익금과 미실현손익금 비교

(전체 기간, 단위: 백만 원)

전체 계좌	실현이익금	실현손실금	미실현이익금	미실현손실금
금 액	1,257	1,985	13,693	13,179
실현손실/실현이익		1.57		
t-statistic(실현이익, 실현손실)		4.75		
미실현손실/미실현이익		0.96		
t-statistic(미실현이익, 미실현손실)		4.02		
관리자별	실현이익금	실현손실금	미실현이익금	미실현손실금
금 액	1,187	1,731	12,626	12,203
실현손실/실현이익		1.45		
t-statistic(실현이익, 실현손실)		4.38		
미실현손실/미실현이익		0.96		
t-statistic(미실현이익, 미실현손실)		3.81		
비관리자별	실현이익금	실현손실금	미실현이익금	미실현손실금
금 액	70	253	1,066	975
실현손실/실현이익		3.62		
t-statistic(실현이익, 실현손실)		5.05		
미실현손실/미실현이익		0.91		
t-statistic(미실현이익, 미실현손실)		2.29		

*p-value: 0.01 이하에서 유의함.

[표 3-39]에서 전체 기간의 여성 실현이익, 실현손실, 미실현이익, 미
실현손실금을 비교해 본 결과, 실현손실금이 실현이익금보다 57% 정도 많
은 것으로 나타났다. 또한 미실현손실금은 미실현이익금보다 4% 정도 적
은 것으로 나타났다. 관리자별 여성 실현이익, 실현손실, 미실현이익, 미실
현손실금을 비교해 본 결과, 실현손실금이 실현이익금보다 45% 정도 많은

것으로 나타났고 미실현손실금은 미실현이익금보다 4% 정도 적은 것으로 나타났다. 비관리자별 실현이익, 실현손실, 미실현이익, 미실현손실금을 비교해 본 결과, 실현손실금이 실현이익금보다 262% 정도 많은 것으로 나타났고 미실현손실금은 미실현이익금보다 9% 정도 적은 것으로 나타났다.

연구결과, 전체 계좌 및 관리자별 계좌에서는 남성이 여성보다 손실이 크고, 비관리자별 계좌에서는 여성이 남성보다 손실이 큰 것으로 나타났다. 즉 남성들은 여성들보다 투자 상담이 관여되면 손실이 커지고, 투자 상담 없이 주식거래를 할 때는 여성들보다 손실이 적다는 것을 보여 준다.

(10) 거래기간 구분의 처분효과 검증

[표 3 - 40]에서는 전체 기간 동안, 상승추세와 하락추세를 나눠서 분석해 보았다. PGR과 PLR을 99년 3월~00년 1월 상승추세, 00년 2월~01년 1월 하락추세, 01년 9월~02년 3월 상승추세, 02년 4월~03년 2월 하락추세로 구분해서 나타내었다. 연구결과, 01년 9월~02년 3월 상승추세를 제외하고 이익종목을 손실종목보다 더 자주 매도한다는 것을 알 수 있었다. 99년 3월~00년 1월 상승추세에서는 P 값이 유의한 것으로 나타났으며 00년 2월~01년 1월 하락추세에서도 P 값이 유의한 것으로 나타났다. 그러나 01년 9월~02년 3월 상승추세에서는 P 값이 유의하지 않는 것으로 나타났으며, 02년 4월~03년 2월 하락추세에서도 P 값이 유의하지 않는 것으로 나타났다. 결과적으로 통계적으로 유의하지 않았다. 그러므로 기간 구분 처분효과는 큰 의미가 없음을 알 수 있다.

[표 3 - 40] 빈도기준 전체 계좌 PGR과 PLR 비율(상승추세, 하락추세)

	99년 3월~00년 1월 상승추세(1)	00년 2월~01년 1월 하락추세(2)	01년 9월~02년 3월 상승추세(3)	02년 4월~03년 2월 하락추세(4)
PLR	0.192	0.131	0.148	0.152
PGR	0.252	0.186	0.146	0.168
PGR - PLR	0.60	0.055	0.002	0.016
PGR/PLR	1.32	1.418	0.983	1.095
t - statistic	2.57	3.75	0.16	0.82

[표 3 - 41]에서는 관리자별 전체 기간 동안, 상승추세와 하락추세를 나눠서 분석해 보았다. PGR과 PLR을 99년 3월~00년 1월 상승추세, 00년 2월~01년 1월 하락추세, 01년 9월~02년 3월 상승추세, 02년 4월~03년 2월 하락추세로 구분해서 나타내었다. 연구결과, 기간과 상관없이 이익종목을 손실종목보다 자주 매도한다는 것을 알 수 있었다. 연구결과, 단측검정에서 P 값이 유의해야 하며, t 값이 기각 역에 있어야 채택된다고 볼 수 있다. 각각의 기간 동안 PGR이 PLR보다 크게 나타났다. 그러나 99년 3월~00년 1월 상승추세에서는 P 값이 유의하지 않는 것으로 나타났으며, 00년 2월~01년 1월 하락추세에서는 P 값이 0.01 이하로 유의하며, t 값도 기각 역에 속한다. 01년 9월~02년 3월 상승추세, 02년 4월~03년 2월 하락추세에서 P 값이 유의하지 않는 것으로 나타났다. 결과적으로 상승추세에서 하락추세에서보다 PGR이 PLR보다 크게 나타났지만, 통계적으로 유의하지 않았다.

[표 3-41] 빈도기준 관리자별 PGR과 PLR 비율(상승추세, 하락추세)

	99년 3월~00년 1월 상승추세(1)	00년 2월~01년 1월 하락추세(2)	01년 9월~02년 3월 상승추세(3)	02년 4월~03년 2월 하락추세(4)
PLR	0.191	0.117	0.133	0.122
PGR	0.201	0.197	0.139	0.135
PGR-PLR	0.010	0.080	0.006	0.013
PGR/PLR	1.052	1.683	1.045	1.106
t-statistic	0.34	3.83	00.27	0.87

[표 3-42]에서는 비관리자별 전체 기간 동안, 비관리자별 상승추세와 하락추세를 나눠서 분석해 보았다. PGR과 PLR을 99년 3월~00년 1월 상승추세, 00년 2월~01년 1월 하락추세, 01년 9월~02년 3월 상승추세, 02년 4월~03년 2월 하락추세로 구분해서 나타내었다. 연구결과 01년 9월~02년 3월 상승추세를 제외하고 이익종목을 손실종목보다 자주 매도한다는 것을 알 수 있었다. 연구결과, 99년 3월~00년 1월 상승추세에서는 P 값이 유의한 것으로 나타났으나 00년 2월~01년 1월 하락추세에서는 P 값이 유의하지 않으며 t 값도 기각 역에 속하는 것으로 나타났다. 01년 9월~02년 3월 상승추세, 02년 4월~03년 2월 하락추세에서는 P 값이 유의하지 않는 것으로 나타났다. 결과적으로 통계적으로 유의하지 않았다.

[표 3-42] 빈도기준 비관리자별 PGR과 PLR 비율(상승추세, 하락추세)

	99년 3월~00년 1월 상승추세(1)	00년 2월~01년 1월 하락주세(2)	01년 9월~02년 3월 상승주세(3)	02년 4월~03년 2월 하락주세(4)
PLR	0.199	0.153	0.162	0.196
PGR	0.290	0.164	0.140	0.213
PGR-PLR	0.109	0.011	-0.022	0.017

	99년 3월~00년 1월 상승추세(1)	00년 2월~01년 1월 하락추세(2)	01년 9월~02년 3월 상승추세(3)	02년 4월~03년 2월 하락추세(4)
PGR/PLR	1.570	1.070	0.864	1.083
t – statistic	3.710	0.533	– 0.63	0.43

(11) 자산규모 금액구분으로의 처분효과 검증

1) 빈도기준

자산규모 금액구분 연구결과는 [표 3 – 43]에서 4년 동안의 PGR
과 PLR을 빈도기준으로 구분해서 나타내었다. 연구결과, 투자자 A
에서 투자자 E로 갈수록 실현이익빈도가 적어짐을 볼 수 있다. 즉
자산규모 금액이 적은 그룹일수록 실현이익 및 실현손실을 많이 처
분하는 것을 알 수 있다. 이러한 결과는 자산규모 금액이 클수록 이
익 및 손실에 대해서 매매를 신중히 하는 것으로 판단되며, 자산규
모 금액이 적을수록 보다 위험추구적임을 알 수 있다. 투자자들은
적은 금액일수록 보다 공격적 매매를 한다고 볼 수 있다. 전체 기간
을 대상으로 한 P 값의 투자자 A, B는 0.01 이하에서 유의하며, t
값도 1.65보다 큰 256, 3.24이므로 귀무가설을 기각하여 통계적으로
유의하다고 볼 수 있겠다. 그렇지만 투자자 C, D, E는 통계적으로
유의하지 않아 자산규모 금액구분에 대한 통계적인 설명력은 떨어진
다고 볼 수 있다. 관리자별, 비관리자별 계좌의 자산규모 금액구분은
통계적으로 유의하지 않아 분석하지 않았다. 또한, 두 집단 간의 그
룹별 차이는 t 값 3.17, P 값 0.0001이므로 유의수준 1%에서 유의

한 차이가 존재하는 것으로 나타났다.

[표 3-43] 자산규모 금액구분 PGR과 PLR 비율(전체 계좌)

	투자자 A	투자자 B	투자자 C	투자자 D	투자자 E
PLR	0.249	0.209	0.188	0.175	0.148
PGPGR	0.320	0.283	0.203	0.191	0.158
PGR-PLR	0.071	0.077	0.015	0.016	0.010
PGR/PLR	1.285	1.354	1.095	1.091	1.067
t-statistic	2.563	3.246	1.097	1.520	1.478
t-statistic(자산 A, B와 자산 C, D, E)	PGR-PLR: 3.17				

[표 3-43]은 PGR과 PLR의 자산규모 금액구분으로 비교한 것이다. 총 연구기간은 1999년 3월~2003년 2월이다. 전체 기간 연구데이터는 189,156개이고 그중 연구에 적합하지 않은 데이터는 제외하고 139,020개를 연구하였다. 이 데이터로부터 당일매매에서 자산규모 투자자 A(하위 20%)가 하나의 거래로 가공·처리한 실현손익, 미실현손익은 104일(104개)이다. 또한, 당일매매에서 자산규모 투자자 B(하위 21~40%)는 116일(116개)이며, 투자자 C(41~60%)는 127일(127개), 투자자 D(상위 61~80%)는 117일(117개), 투자자 E(상위 81~100%)는 115일(115개)이다.

자산규모별로 분석해 본 결과, 자산 A, B 그리고 자산 C, D, E가 투자성향이 비슷한 것으로 나타났다. 그렇다면, 실현손실/실현이익 비율은 가 자산 그룹별로 어떻게 나타났는지 살펴본다.

[표 3-44] 전체 계좌 자산규모 금액구분 실현손익금과 미실현손익금 비교

(전체 기간, 단위: 백만원)

자산 A, B	실현이익금	실현손실금	미실현이익금	미실현손실금
금 액	966	1,714	7,827	19,150
실현손실/실현이익			1.77	
t-statistic(실현이익, 실현손실)			2.34	
미실현손실/미실현이익			2.44	
t-statistic(미실현이익, 미실현손실)			2.66	
자산 C, D, E	실현이익금	실현손실금	미실현이익금	미실현손실금
금 액	3,847	6,324	31,163	39,057
실현손실/실현이익			1.64	
t-statistic(실현이익, 실현손실)			3.21	
미실현손실/미실현이익			1.25	
t-statistic(미실현이익, 미실현손실)			2.82	

*p-value: 0.01 이하에서 유의함.

[표 3-44]에서 자산규모 A, B의 실현이익, 실현손실, 미실현이익, 미실현손실금을 비교해 본 결과, 실현손실금이 실현이익금보다 77% 정도 많은 것으로 나타났고 미실현손실금은 미실현이익금보다 144% 정도 많은 것으로 나타났다. 자산규모 C, D, E의 실현이익, 실현손실, 미실현이익, 미실현손실금을 비교해 본 결과, 실현손실금이 실현이익금보다 64% 정도 많은 것으로 나타났고 미실현손실금은 미실현이익금보다 25% 정도 많은 것으로 나타났다. 이러한 연구결과는 손실실현보다 이익실현을 자주 할수록 실현손익이든 미실현손익이든 손실이 증대됨을 알 수 있다. PGR-PLR의 차이가 큰 A, B가 PGR-PLR의 차이가 적은 C, D, E보다 손실비율이 큼을 알 수 있다.

과신감 이론 검증

1. 연구 자료

(1) 검증대상 주식 및 검증기간

본 연구의 목적은 과신감 이론을 실제 데이터로 분석했을 때, 실제로 과신감 있는 투자행위가 나타나는지를 검증하는 것이다. 본 연구를 위한 자료는 증권사를 통해서 수집하였다. 1999년 3월부터 2000년 2월까지 거래된 계좌(최소한 한 번 이상 거래가 있었던 계좌) 중에 1,400명의 고객 사이버계좌를 무작위로 선택하였다. 즉 랜덤함수 계좌번호 끝자리가 '1'인 계좌들을 추출하였다(지역코드가 1, 2, 3, 4, 5, 6, 7번대 지점 각각 100계좌씩 총 700계좌씩). 그중 700명의 관리자별 사이버계좌와 700명의 비관리자별 사이버계좌를 분석하였다. 본 저서는 연구기간 동안의 매수거래 19,914개 기록이 사용되었고, 매도거래 13,619개 기록이 연구되었다.

검증기간으로 본 연구에서 1년 이상의 데이터결과는 큰 변화가 없었기에 1년까지의 자료로만 분석하였다.

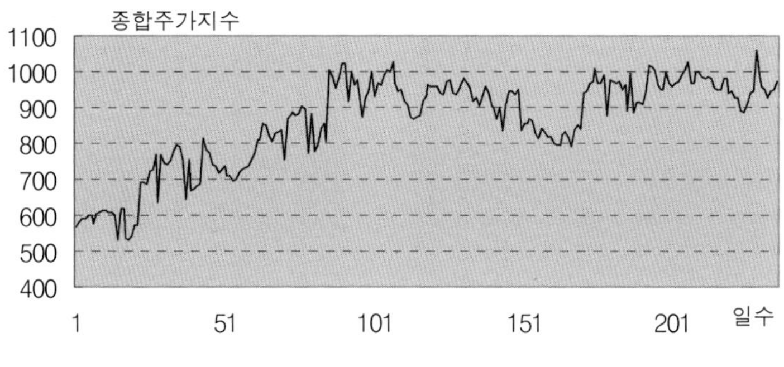

주: 본 연구의 그림은 1999년 3월부터 2000년 2월까지의 일별종합주가지수그래프를 나타낸 것이다.

[그림 4-1] 일별 종합주가지수추이(1999. 3-2000. 2)

2. 연구모형 및 연구방법론

과신감 이론을 검증하기 위해 본 연구에서는 사건연구를 이용하였다. 매수·매도수익률과 KOSPI200 지수수익률을 비교하여 분석하고자 한다. 검증기간은 3개월, 1년으로 설정하였다.

가설을 검증하기 위해서 일별 비정상수익률을 측정해야 하는데, 일반적으로 사건연구에 사용되는 모형들은 다음 두 가지이다.

(1) 시장모형

시장모형의 추정기간은 비사건기간의 시계열 자료를 이용하는 것이 일반적이다.

$$AR_{j,\tau} = R_{j\tau} - (\hat{\alpha_j} + \hat{\beta_j} R_{m\tau}) \quad -[식5-1]$$

$AR_{j\tau}=j$ 증권의 τ시점에서 비정상 초과수익률

$R_{j\tau}s=$증권 j의 τ시점에서 관찰된 수익률

$R_{m\tau}=$주식시장 전체의 τ월 수익률

$\hat{\alpha_j},\hat{\beta_j}=$시장모형에서 주식 j의 절편과 기울기의 OLS의 추정치

(2) 시장조정수익률 모형

이 모형에서 j 증권의 τ 시점에서의 일별 비정상 초과수익률은 다음과 같다.

$$AR_{j,\tau} = R_{j\tau} - R_{m\tau} \quad -[식5-2]$$

$AR_{j\tau}=j$증권의 τ시점에서 비정상 초과수익률

$R_{j\tau}=$증권j의 τ시점에서 관찰된 수익률

$R_{m\tau}=$주식시장 전체의 τ월의 수익률

여기에서 $R_{m\tau}$는 τ시점에서의 시장에서 모든 증권들의 평균수익률을 나타낸다. 즉 시장모형에서 상수항 α_j을 0으로, β_j를 1로 간주한 경우의 값과 동일하다.

Brown-Warner(1980, 1985)는 시장조정수익률법이 통계적으로

검정능력이 가장 높다고 평가했다. 그러므로 본 연구에서는 사건연구에서 국내외적으로 많이 이용되는 시장조정수익률모형을 사용하여 일별 비정상수익률을 측정하였다.

본 모형은 과신감 이론을 검증하기 위해 개인투자자들이 매수한 종목의 수익률과 매도한 종목의 수익률을 비교 분석하였다. 같은 기간 동안 종목을 매수한 후, 매수한 종목에 대한 일정기간(T = 88,256) 동안 수익률과 KOSPI200 지수수익률 차이가 종목을 매도한 후, 매도한 종목에 대한 일정기간[81](T = 88,256) 동안 수익률과 KOSPI200 지수수익률 차이보다 적을 경우는 어떠한 주식전환의도(Swiching intent)에 의해서 잘못된 투자행위라고 볼 수 있다. 그 의도에는 여러 가지가 있다. 포트폴리오 재구성, 시세차익 등이 있다. 만약 그러한 이유가 아니라면, 심리적 요인 중 하나인 과도한 자신감에 의한 매매라고도 부분적으로 볼 수 있다.

시장조정수익률 모형은 다음과 같다.

$$R_{P,T} = \frac{1}{N} \sum_{i=1}^{N} [\prod_{\tau=1}^{T} (1 + R_{J_i, t_i + \tau}) - \prod_{\tau=1}^{T} (1 + R_{KOSPI, t_i + \tau})] - [식\,5-3]$$

$R_{P,T}$ = 1일부터 T일까지의 포트폴리오 P에 대한 시장조정수익률

$R_{J,T}$ = T일날 주식 J에 대한 일별수익률

$R_{KOSPI,T}$ = T일날 $KOSPI$200지수 일별수익률

(매수또는매도후의날부터계산)

---

81) 총 연구기간은 1999년 3월~2003년 2월이다. 이 기간은 대세 상승추세이므로 β를 1로 간주한 주가지수(KOSPI200)와 비교하여도 편의가 크지 않음을 알 수 있다.

3. 유의성 검증

과신감 이론 검증에서 독립성에 대한 가정은 완전하지 않다. 예를 들어, 어느 투자자가 1개의 주식을 매수하고, 1개월 후 다른 투자자가 같은 주식을 매수했다고 가정하자. 이 주식에 대한 이익 또는 손실은 각각의 매수 후 몇 개월 동안의 주식기간이 겹치기 때문에 서로 독립적이지 않다. 그러나 겹치는 부분에 대해서 서로 독립적이지 않기 때문에 독립성을 요하는 통계적 검증은 사용하지 못한다. 즉 본 연구의 목적이 처분효과와 과신감 이론을 검증하는 것이나, 본 연구방법론으로는 독립성 가정을 엄격하게 적용하기는 어렵다. 따라서 본 저서는 각각의 거래가 독립적이라기보다는 각각의 계좌가 독립적이라고 가정한다.

이런 통계적 유의성 검증은 본 저서에서 부스트랩방법을 사용한다. 이는 모형에 따른 분포를 알기 위해 검증하는 방법이다. 부스트랩방법은 비모수적 확률분포를 계산하여 이에 대한 유의성을 검증한다.

과신감 이론에 대한 유의성 검증은 MAR at buy - MAR at sell 데이터에서 랜덤하게 300개씩 1,000회 데이터를 추출하여, 유의수준 0.05(5%)하에서 확률분포를 알아본다.

[표 4-1] 정규성 검정(MAR at buy - MAR at sell)

검 정	통계량		P 값	
Shapiro - Wilk	W	0.999014	Pr 〈 W	0.8804
Kolmogorov - Smirnov	D	0.015097	Pr 〉 D	〉0.1500
Cramer - von Mises	W - Sq	0.027796	Pr 〉 W - Sq	〉0.2500
Anderson - Darling	A - Sq	0.202262	Pr 〉 A - Sq	〉0.2500

Shapiro - Wilk은 통계량 값이 1에 가까우면 정규분포를 따른다. 검증결과, 0.999014이므로 정규성을 가지는 것으로 나타났고 귀무가설을 기각하지 못하므로 정규성을 가지는 것으로 나타났다.

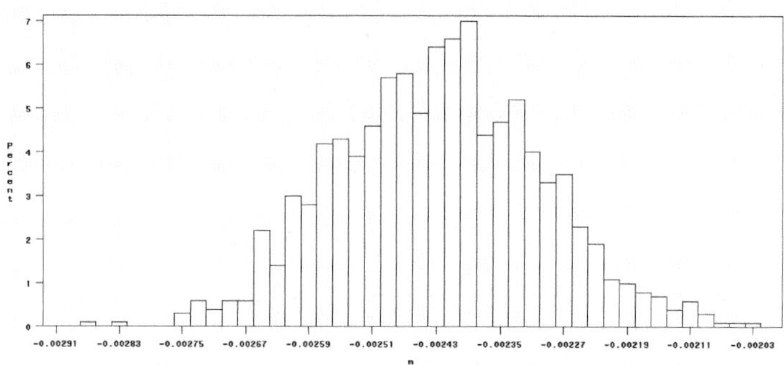

[그림 4-2] MAR at buy - MAR at sell의 비모수 확률분포도

4. 가설의 성립

개인투자자들의 주식매매가 포트폴리오 재구성을 위한 것인지, 아니면 차익실현을 위한 것인지에 대해서 정확히 알 수는 없다. 그러나 주가전환 확신에 따라, 종합주가지수수익률과 매수 후 종목의 수익률과 매도 후 종목의 수익률을 비교함으로써 잘못된 확신으로 인한 의사결정 행위임을 측정할 수 있을 것이다. 즉 매수종목수익률에서 종합주가지수수익률을 차감한 것이 매도종목수익률에서 종합주가지수수익률을 차감한 것보다 적다면 어떠한 이유인지는 정확히 알

수 없지만 주식전환에 따른 투자행위가 점점 잘못되고 있다는 것이 분명할 것이고 이것은 심리학적으로 과도한 자신감에 따라 그런 현상이 나타날 수도 있다. 그렇다면, 다음과 같은 가설을 세울 수 있을 것이다.

[가설 6] : 거래비용을 무시할 경우, 연구기간 동안 매수종목시장 평균조정수익률이 매도종목시장 평균조정수익률보다 적을 것이다.

5. 연구결과

(1) [가설 6]의 검증

매수에 따른 시장평균조정수익률이 매도에 따른 시장평균조정수익률보다 적은 것으로 나타났다. [표 4-2]에서 나타나듯이 P 값 0.001 이하에서 유의하므로 [가설 6]은 채택되었다. 아래 [그림 4-3]은 매수시장 평균조정수익률과 매도시장 평균조정수익률과의 차이를 보여 주고 있다. 즉 투자자들은 매도한 종목의 수익률보다 매수한 종목의 수익률이 낮은 투자성과를 보인다는 것이다. 이것은 어떤 이유에서든 투자자들의 투자의사결정이 잘못되고 있다는 것을 말한다. Baber and Odean(1999)은 투자자들의 과신감이 높아질수록 더 활발한 거래를 한다고 주장했다. 또한, Lenny(1977)는 사람들이 자신의 성공에 대해서 과도한 신념을 그들 자신에게 부여하는 경향이 있다는 것을 검증하였다. 그리고 투자자들은 그들 자신에 대한 확신은 외부환경이 변화한다고 해도 쉽게 영향을 받지도 않는다고 주장했다. 물론, 위 학자들의 주장대로 과신감 이론과 관련해서 [가설 6]의 검증결과 차이가 그리 크다고 볼 수는 없지만, 일부 기간을 제외하고는 기간이 경과함에 따라 수익률의 차이가 커짐을 알 수 있다. 본 저서는 Odean(1998)의 연구에서 보여 준 매수수익률과 매도수익률의 차이만큼 크지는 않았으나, 한국주식시장에서도 매수, 매도에 따른 성과 차이가 있음을 보여 준다.

[표 4-2] 매수 · 매도 시 시장평균조정수익률

	N(거래 수)	거래 후 88일	거래 후 256일
매 수	19,914	-6.8%	-11.7%
매 도	13,619	-6.5%	-11.0%
차 이		-0.3%	-0.7%
P 값		0.001	0.001

[표 4-2]는 매수 · 매도 시 시장평균조정수익률을 비교한 것이다. 총 연구기간은 1999년 3월~2000년 2월이다. 전체 기간 연구데이터는 189,156개이고 그중 연구에 적합하지 않은 데이터는 제외하고 139,020개를 연구하였다. 이 데이터로부터 당일매매에서 하나의 거래로 가공 · 처리한 데이터는 256일(256개)이다.

본 연구의 실증분석으로 개인투자자들의 손실이 확대되어 가는 것을 과신감 때문이라고 완전히 설명할 수는 없을 것이다. 그렇지만 본 연구를 통해서 개인투자자들은 기간(시간)이 지나면 지날수록 투자매

매행위가 점점 잘못되어 가고 있다는 것을 실증분석으로 보여 주고
있으며, 이것은 과신감 이론에 근거한 투자매매행위의 오인된 판단에
기인할 수도 있다는 것을 부분적이나마 설명할 수 있다고 본다.

주: 위 [그림 5 - 3]은 1년간(1999.3 ~ 2000.2)의 데이터를 분석한 것이고, 투자자들의 매수시장 평
    균조정수익률에서 매도시장 평균시장률을 차감한 것이다. 1년 이상의 데이터는 큰 변화가 없었기
    에 1년까지만 분석하였다.

[그림 4 - 3] 매수시장 평균조정수익률 - 매도시장 평균조정수익률

Part 5

결 론

1. 요약

본 연구는 한국증권시장에서 개인투자자들의 처분효과와 과신감 이론을 검증하였고, 처분효과와 과신감이 투자성과에 미치는 영향을 실증적으로 분석하였다.

처분효과의 연구결과, 전체 기간(99년 2월~03년 3월) 동안 관리자별 및 비관리자별 계좌에서는 처분효과가 나타났으나, 전체 기간 중 상승추세와 하락추세에서는 일부 유의한 것도 나타났지만 전반적으로 처분효과에 대해 유의하지 않았다. 또한, 관리자별 계좌에서는 1월에 다른 월과 마찬가지로 처분효과가 나타났고, PGR – PLR 차이가 다른 월과 비교해서 크지 않으므로, 관리자별 계좌는 채택되지 않았다. 비관리자별 계좌에서는 1월에 다른 월과 비교해서 비율차이가 크게 나타났으므로, [가설 2]는 부분적으로 채택되었다. 결국, 본 연구기간 동안에는 1월에 다른 월과 비교해서 그다지 큰 차이가 없음을 알 수 있고, 1월 효과가 한국주식시장에서 크지 않다는 것을 말해 주고 있다.

또한, 처분효과에 대한 이익금과 손실금에 대해서 검증하였다. 매수가격 대비 이익주의 이익규모보다 손실주의 손실규모가 더 크다고 한다면, 개인투자자의 처분효과 의사결정은 잘못된 것이라고 말할 수 있겠다.

본 연구의 데이터 분석결과 [표 3 - 13]에서 제시된 것처럼 실현이익금과 미실현이익금이 실현손실금과 미실현손실금보다 적음이 검증되었다. 그러므로 [가설 3 - 1, 3 - 2]는 채택되었다. 또한, 관리자별, 비관리자별로 구분하여 증권사 브로커들의 상담82)이 투자에 어떠한 영향을 미치는지를 검증하였고, 처분효과에 대한 검증결과는 비슷하게 나타났지만, 투자별 손익금 차이는 분명히 있음을 보여 준다. 즉 관리자별 계좌에 비해서 비관리자별 계좌는 투자손실에 대해서 처분을 덜 함으로써 손실 폭이 관리자별 계좌보다 큼을 알 수 있다. 이것은 비관리자 투자자들이 상담직원으로부터 매매에 대한 권유를 덜 받기 때문인 것으로 추측된다. 또한, 처분효과에 대해서 이익이 발생했을 경우가 손실이 발생했을 경우보다 인식시점이 높다는 것을 검증하였다. 연구결과, 통계적으로 부분적인 기간검증을 제외하고 전체적으로 처분효과가 나타났음을 볼 때, 본 연구는 전반적으로 처분효과가 개인투자자들의 투자자산에 부(-)의 영향을 미치는 것을 검증하였다.

또한, 주가전환 및 평균회귀 모형에 대해 검증하였다. 검증결과, 빈도기준, 금액기준 상관없이 PLPA가 PGPA보다 큼이 검증되었다. 개인투자자들은 이익보다 손실에 대해서 위험추구적인 매매형태를 보였고, 이익에 대해서는 위험회피적인 매매형태를 보였다. 그러므로

---

82) 일반적으로 관리자별 사이버계좌는 주식매매가 활성화된 계좌로 전적으로 영업직원이 관리하지는 않지만, 영업직원이 적지 않게 매매에 관여하는 계좌이다.

[가설 4]는 채택되었다.

최대잠재이익 및 손실대비 이익률과 손실률의 비교에서는 최대잠재이익률이 최대잠재손실률보다 크게 나왔다. 즉 투자자들이 이익극대화를 하지 못하고, 쉽게 주식을 처분함으로써, 잘못된 의사결정임을 알 수 있었다. 그러므로 [가설 5]는 채택되었다.

과신감 이론을 근거로 한 연구결과, 대부분의 투자자들이 매수에 따른 시장평균조정수익률이 매도에 따른 시장평균조정수익률보다 적은 것으로 나타났고, 투자자들의 손실이 증대됨을 검증하였고, 과신감으로 인한 빈번한 거래는 손실을 증가시킨다는 것을 검증하였으므로 [가설 6]은 채택되었다.

마지막으로 처분효과가 투자자산의 부(-)를 감소시키는 이유에 대해서 살펴본다.

투자자들이 포트폴리오 재구성을 위해서 처분효과행위를 한다고 주장(Lakonishok and Smidt, 1986)하지만, Odean(1998)은 주식매도 후 새로운 매수가 일어나지 않은 경우에도 처분효과가 나타남을 보여 이러한 가능성에 대해 반론을 제시하였고, 거래비용에 대해서도 가격에 상관없이 처분효과가 동일하여 거래비용도 주요 메커니즘이 될 수 없다고 주장하였다. 본 연구도 Odean과 거의 같은 결과를 보였다. 그러나 본 연구에서는 Odean과 다른 몇 가지 연구결과를 얻을 수 있었다. Odean은 세금효과 때문에 처분효과가 나타났다고 하였지만, 본 연구는 투자자들의 주식가격전환에 따른 평균회귀의 기대감으로 처분효과가 나타남을 검증하였고, Odean의 연구와는 달리, 성별 간 주식투자 차이점도 그다지 크게 나타나지 않았다.

결론적으로 말하면, 이러한 검증은 선행연구에서 설명하였던 전망 이론의 메커니즘의 설득력이 높아진다고 볼 수 있다. 그렇지만 이런 메커니즘도 아직 완전히 검증된 것이 아니므로 향후 처분효과에 대한 메커니즘을 규명하기 위한 연구가 계속되어야 할 것이다.

2. 한계점 및 추후 연구과제

본 연구는 투자자들의 오인된 신념으로 인한 인지 편의에 대해 전망 이론의 메커니즘을 이용하여 처분효과 및 과신감 이론을 분석하였다. 물론, 본 연구는 메커니즘이 명확히 검증되지 않은 부분이 있으나, 투자자들의 처분효과현상이 투자자산에 영향을 미치고, 개인투자자들의 인지행위적 편의에 대해 검증한 것으로 의의를 찾을 수 있겠다.

하지만 이러한 의의에도 불구하고 본 연구는 몇 가지 한계점을 가지고 있다.

첫째, Odean 모형보다 좀 더 강건한 처분효과 모형 개발에 대해서 좀 더 구체적인 연구가 필요하겠다. 예를 들어, 이익금과 손실금에 대한 일정수준의 가중치를 부여한다면, 보다 강건한 처분효과 모형을 만들 수 있을 것이다.

둘째, 전망 이론이 현재로서는 처분효과를 검증하는 강력한 이론적 메커니즘이지만, 전망 이론이 처분효과를 완전히 설명할 수 있는 것인지에 대한 명확한 검증이 필요하다.

예를 들어, 다음과 같은 방법으로 검증할 수 있을 것이다.

투자자가 가격 P에 주식을 매수했다고 가정한다면, 금액 L, 2L만큼 떨어지는 P−L, P−2L을 패자라고 부르고, 금액 G, 2G만큼 상승하는 P+G, P+2G를 승자라고 부른다. [그림 6−1]은 전망 이론의 이론적 메커니즘 형태를 보여 주고 있다.

만약, P+G와 P−G의 가치(V) 크기가 틀리다면, 이익과 손실에 대해서 대칭이 아니라, 비대칭임을 증명할 수 있을 것이다.

만약, P=G이면,

검증 방법으로는 첫째, V(P−L) > V(P+G), V(P−2L) > V(P+2G)

둘째, V(P−L) − V(P−2L) < V(P) − V(P−L),

V(P−G) − V(P−2G) < V(P) − V(P−G)

셋째, V(P−2L) − V(P−L) > V(P+2G) − V(P+G)

위 세 가지 방법이 모두 실증데이터로 검증된다면, 전망 이론을 명확히 검증할 수 있을 것이다.

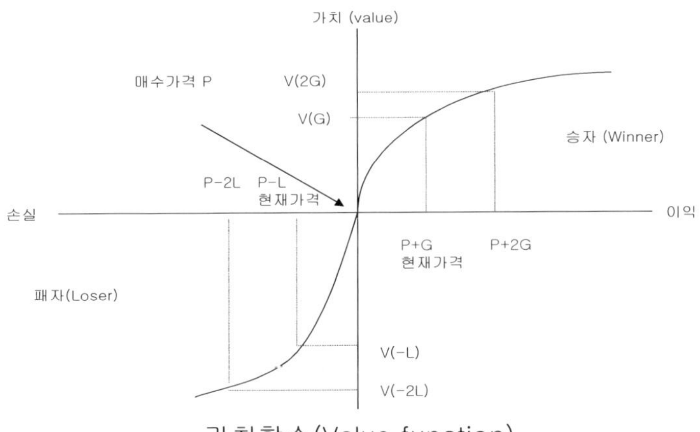

[그림 5−1] 전망 이론 검증 방법

셋째, 본 저서의 샘플링(sampling)방법은 단순 랜덤샘플링방법을 사용하였는데 고급 확률적 샘플링과 비교하여 비효율적이며, 불안정한 추정량을 제공한다는 한계점을 갖고 있다.

본 연구를 바탕으로 다음과 같은 후속연구를 제안한다.

첫째, 한국증권시장에서 실현이익, 미실현이익, 실현손실, 미실현손실 등의 관계에 대한 좀 더 구체적이고 세밀한 처분효과 검증이 필요하겠고, 대·중·소 기업별, 지역별로 처분효과 차이가 나는지에 대해 검증이 필요하겠다.

둘째, 상승추세·하락추세로 구분한 처분효과가 얼마나 차이가 나는지를 분석하였지만, 통계적으로 유의하지 않은 부분이 나타나 통계 해석에 대한 한계점이 있다. 그 원인은 데이터의 부족인지, 아니면 통계적으로 유의하지 않은 나름대로 의미가 있는지 명확하지 않지만, 향후에 좀 더 데이터를 늘려 처분효과에 대한 상승추세, 하락추세를 분석하는 것이 필요하겠다.

셋째, 한계점에서 설명하였던 것처럼 전망 이론에 대한 이론적 메커니즘을 실증데이터를 이용해서 명확히 검증할 필요가 있겠다.

넷째, 과신감 이론에서 거래비용을 포함할 경우도 같은 결과가 나오는지에 대한 세밀한 분석이 필요하겠고, 거래빈도 그룹구분에 따른 투자성과분석 차이도 향후 연구가 필요하겠다.

참고문헌

강종만(1994), "외국인 투자가 증시에 미친 영향 분석", *한국증권업협회*, 증권, 40~61.

도경수, 곽부원, 신현정(2001), "판단자의 관점이 의사결정에 미치는 영향", *한국실험 및 인지심리학회*, 13(2), 147~159.

백용호, 차명준(1994), "도박심리를 이용한 주식투자 행태분석", *한국증권학지*, 16, 395~435.

신의만(2000), "사이버투자자와 투자정보시스템의 특성이 정보탐색과 투자행동에 미치는 영향", *동아대학교 대학원 박사학위논문*.

조광행, 임채운(1999), "고객만족 및 전환장벽이 점포 애호도에 미치는 효과에 관한 연구", *마케팅연구*, 14(1), 47~74.

최운열, 지성구, 정성훈(2003), "대세상승장에서 개인투자자의 대체주 전환의도 결정요인", *경영학 연구*, 32(6), 1571~1592.

Anderson, J. C. and J. A. Narus(1990), "A Model of Distributor Firm and Manufacturer Firm Working Relationships", *Journal of Marketing*, 54(January), 42~58.

Barber, Brad M. and Terrance Odean(2000), "Trading is Hazardous to Your Wealth: The Common Stock Investment Performance of Individual Investors", *Journal of Finance*, LV(2), 773~806.

Baber, Brad M. and Odean(2001) "Boys will be boys: Gender, Overconfidence, and Common Stock Investment", Quarterly Journal of Economics, February, Vol.116, No.1, 261~292.

Beaver, W. H(1968), "The Information Content of Annual Earnings Announcements", *Empirical Research in Accounting: Selected Studies, Supplement to Journal in Accounting Research*, 67~92.

Campbell, D. T. and D. W. Fiske(1959), "Convergent and

Discriminant Validation by the Multitrait～Multimethod Matrix", *Psychological Bulletin,* 56(March), 100～122.

Campbell, J,. S. Grossman and J. Wang(1993), "Trading Volume and Serial correlations in stock returns", *The Quarterly Journal of Economics,* 108, 905～939.

Daniel, Kent, David Hirshleifer, and Avanidhar Subrahmanyam(1998), "Investor Psychology and Security Market Under and Overreactions", *Journal of Finance,* vol.53, no.6(December), 1839～1886.

Eguiluz, Victor M. and Martin G. Zimmermann(2000), "Transmission of Information and Herd Behavior: An Application to Financial Markets", *Physical Review Letters,* 85(26), 5659～5662.

Eugene F, Fama(1998), "Market efficiency, long－term returns, and behavioral finance", *Journal of Financial Economics,* 49, 283～306.

Falkenstein, Eric G.(1996), "Preference for Stock Characteristics As Revealed by Mutual Fund Portfolio Holdings", *Journal of Finance,* 51, 111～135.

Fisher, Kenneth L. and Meir Statemam(1999), "A Behavioral Framework for Time Diversification", *Financial Analysis Journal,* 55(May/June), 88～97.

Green, J. R.(1973), "Information, Efficiency and Equilibrium", (Duscussion Paper No.284, *Harvard Institute of Economic Research,* March).

Grossman, S. J.(1975), "The Existence of Futures Market, Noisy Rational Expectations and Informational Externalities"(from Ph. D. dissertation, University of Chicago, Department of Economics).

Grossman, S. J.(1975), "Rational Expectations and the Econometric Modeling of Markets Subject to Uncertainty: A Bayesian Approach", *Journal of Econometrics,* 3, 252～272.

Hagerty, M. R. and D. A. Aaker(1984), "A Normative Model of

Consumer Information Processing", *Marketing Science*, 3(3), 227~246.

Harris, Lawrence(1988), "Discussion of predicting contemporary volume with historic volume at differential price levels: Evidence supporting the disposition effect", *Journal of Finance*, 43, 473~506.

Heath, Chip., Steven Huddart and Mark Lang(1999), "Psychological Factors and Stock Option Exercises", *Quarterly Journal of Economics*, 114(2), 601~627.

Holt, C. A.(1986), "Preference Reversals and The Independence Axiom", *American Economic Review*, 76, 508~515.

Kahn, B. E., M. U. Kalwani and D. G. Morrison(1986), "Measuring Variety－Seeking and Reinforcement Behaviors Using Panel Data", *Journal of Marketing Research*, 23(May), 89~100.

Kahneman, D., and M. Riepe(1998), "Aspects of Investor Psychology", *The Journal of Portfolio Management*, 24, 52~65.

Kahnenman, Daniel, and Amos Tversky(1979), "Prospect Theory: An Analysis of Decision Under Risk", *Econometrica*, 47(2), 263~291.

Karni, E., and Z. Safra(1987), "Preference Reversal and the Observability of Preferences by Experimental Methods", *Econometrica*, 55, 675~685.

Lakonishok, Josef and Seymour Smidt(1986), "Volume for winners and losers: Taxation and other motives for stock trading", *Journal of Finance*, 41, 951~974.

Loomes, G., Starmer, C. and R. Sugden(1989), "Preference Reversal: Information Processing Effect or Rational Non－Transitive Choice?" *Economic Journal*, 99, 140~151.

Meyer, R. J.(1982), "A Descriptive Model of Consumer Information Search Behavior", *Marketing Science*, 1(1), 93~121.

Nunnally, J. C.(1978), *Psychometric Theory,* Second Ed., New York: McGraw‐Hill Book Company.

Odean, Terrance(1998), "Are Investors Reluctant to Realize Their Losses?" *Journal of Finance,* 3(5), 1775~1798.

Odean, Terrance(1999), "Do Investors Trade Too Much?" *American Economic Review,* 89(5), 1279~1298.

Olsen, Robert(1998), "Behavioral Finance and Its Implications for Stock‐Price Volatility", *Association for Investment Management and Research, Financial Analysts Journal,* 54(2), 10~18.

Otchere, Issac, and Jonathan Chan(1999), "Short Term Overreaction in the Hong Kong Stock Market", *Working Paper.*

Payne, J. W., J. R. Bettman and E. J. Johnson(1992), "Behavioral Decision Research: A Constructive Processing Perspective", *Annual Review of Psychology,* 43, 87~131.

Peter, J. Paul and Lawrence X. Tarpey((1975), "A Comparative Analysis of Three Consumer Decision Strategies", *Journal of Consumer Research,* 2(June), 29~37.

Punj, G. N. and R. Staelin(1983), "A Model of Consumer Information Search Behavior for New Automobiles", *Journal of Consumer Research,* 9(Mar), 366~380.

Ratchford, B. T.(1982), "Cost‐Benefit Models for Explaining Consumer Choice and Information Seeking Behavior", *Management Science,* 28(2), 197~212.

Ross, Stephan A, "The Abitrage Theory of Capital Asset Pricing", *Journal of Economic Theory* 13, (1976), 341~360.

Ross, Stephan A., "Adding Risks: Samuelson's Fallacy of Large Numbers Revisited", *Journal of Financial and Quantitative Analysis,* 34(3), (1999), 323~339.

Ross, Stephan A.(1999), "Adding Risks: Samuelson's Fallacy of Large Numbers Revisited", *Journal of Financial and Quantitative Analysis,* 34(3), 323~339.

Shafir, Eldar, Peter Diamond and Amos Tversky(1997), "Money Illusion", *Quarterly Journal of Economics,* 12(2), 341~374.

Shefrin, Hersh, and Meir Stateman, "The disposition sell winners too early and ride losers too long: Theory and evidence", *Journal of Finance* 40, (1985), 777~790.

Shefrin, Hersh and Meir Statman(1993), "Behavioral Aspects of the Design and Marketing of Financial Products", *Financial Management,* 22(2), 123~134.

Shefrin, Hersh and Meir Statman(2000), "Behavioral Portfolio Theory", *Journal of Financial and Quantitative Analysis,* 35(2), 127~151.

Tversky, A., S. Sattath and P. Slovic(1998), "Contingent Weighting in Judgment and Choice", *Psychological Review,* 95, 371~384.

Tversky, A., Slovic, P., and D. Kaheneman(1990), "The Cause of Preference Reversal", *The American Economic Review,* 80, 204~217.

Weber, Martin and Colin F. Camerer(1998), "The disposition effect in securities trading: an experimental analysis", *Journal of Economic Behavior & Organization,* vol.33, 167~184.

W. F. M. De Bont, and R. H. Thaler, "Does the Stock Market Overreaction?", *Journal of finance,* 40, (1985), pp.793~805.

Zukerman, M. and Brown R, H., Fox, G. A., Lathin, D. R., and A. J. Minasian(1979), "Determinant of Information Seeking Behavior", *Journal of Research in Personality,* 13, 161~174.

부 록

관리자별 기간 PGR/PLR

1. 금액기준

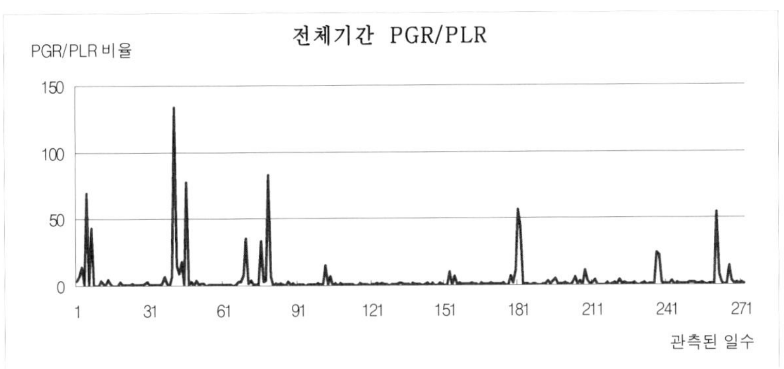

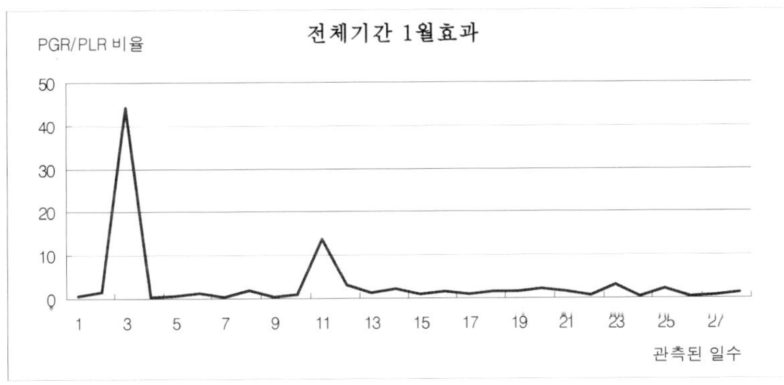

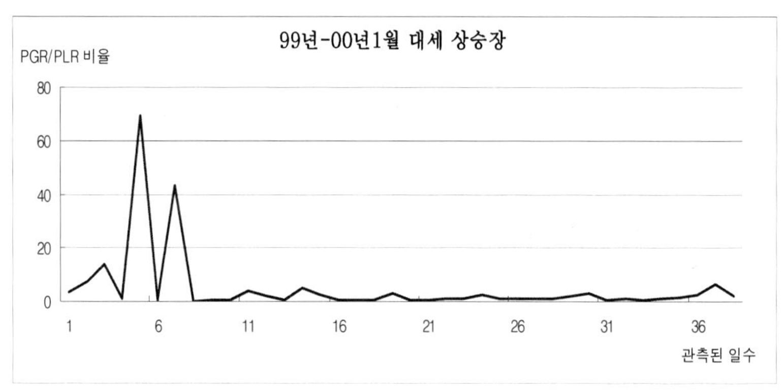

99년-00년1월 대세 상승장
PGR/PLR 비율
80
60
40
20
0
1
6
11
16
21
26
31
36
관측된 일수

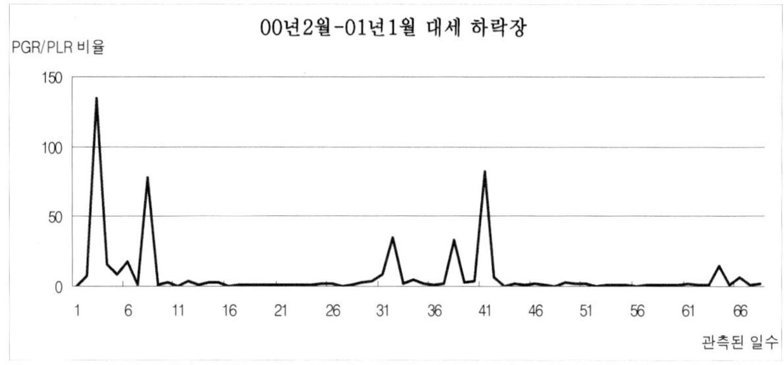

00년2월-01년1월 대세 하락장
PGR/PLR 비율
150
100
50
0
1
6
11
16
21
26
31
36
41
46
51
56
61
66
관측된 일수

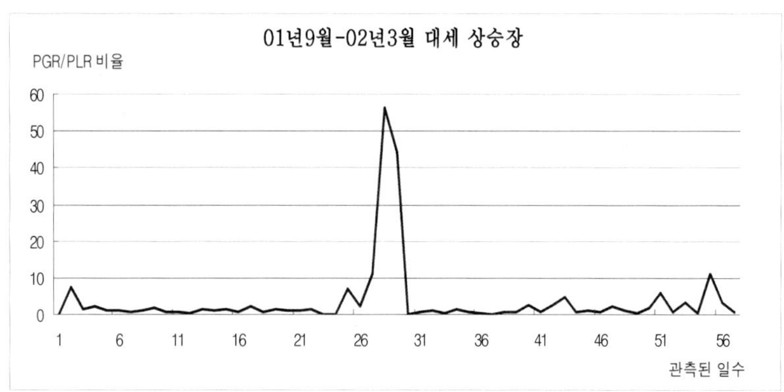

01년9월-02년3월 대세 상승장
PGR/PLR 비율
60
50
40
30
20
10
0
1
6
11
16
21
26
31
36
41
46
51
56
관측된 일수

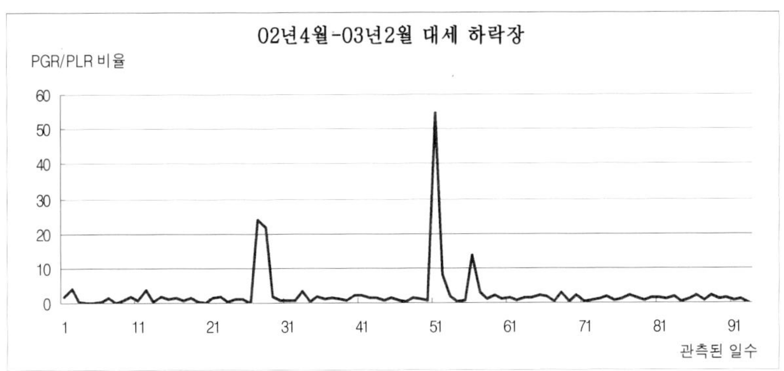

02년4월-03년2월 대세 하락장
PGR/PLR 비율
관측된 일수

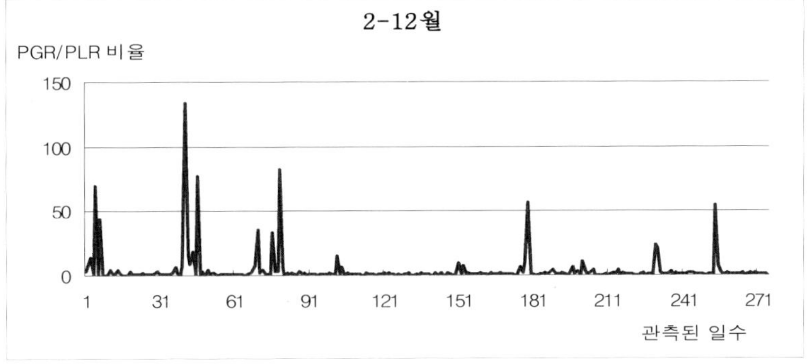

2-12월
PGR/PLR 비율
관측된 일수

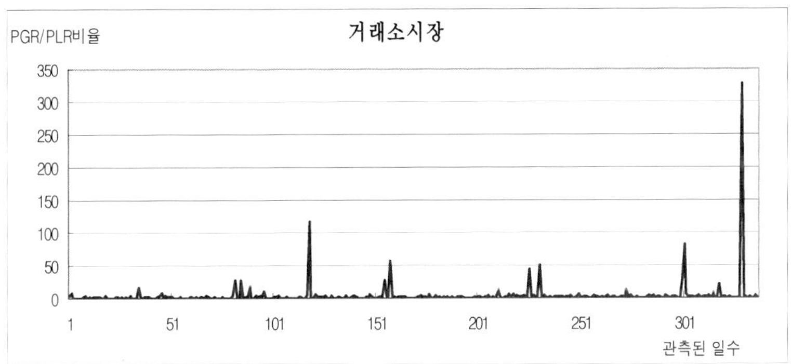

거래소시장
PGR/PLR비율
관측된 일수

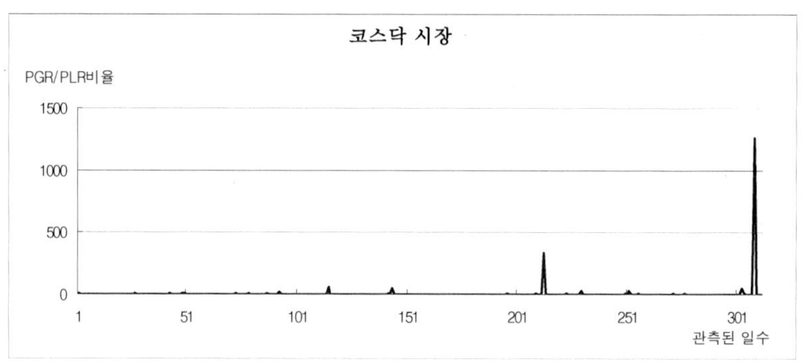

코스닥 시장
PGR/PLR비율
1500
1000
500
0
1
51
101
151
201
251
301
관측된 일수

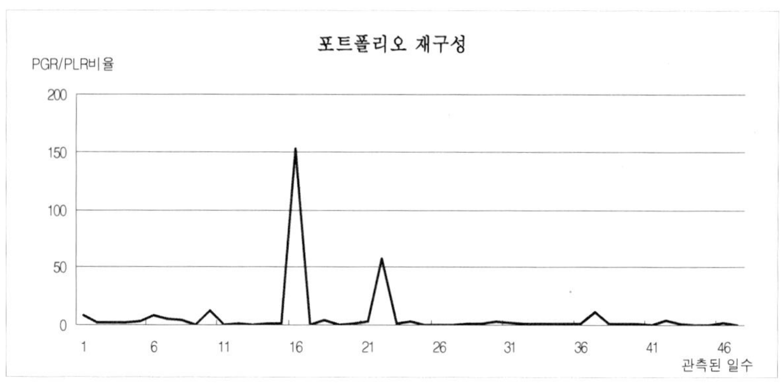

포트폴리오 재구성
PGR/PLR비율
200
150
100
50
0
1
6
11
16
21
26
31
36
41
46
관측된 일수

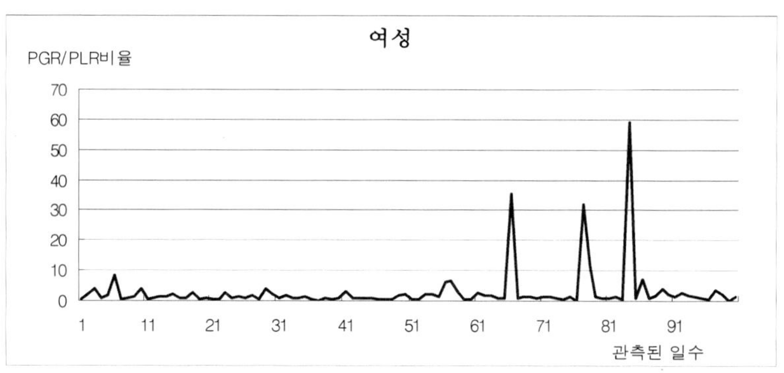

여성
PGR/PLR비율
70
60
50
40
30
20
10
0
1
11
21
31
41
51
61
71
81
91
관측된 일수

PGR/PLR비율
남성
200
150
100
50
0
1 31 61 91 121 151 181 211 241 271 301
관측된 일수

2. 빈도기준

PGR/PLR비율
코스닥 시장
15
10
5
0
1 31 61 91 121 151 181 211 241 271 301
관측된 일수

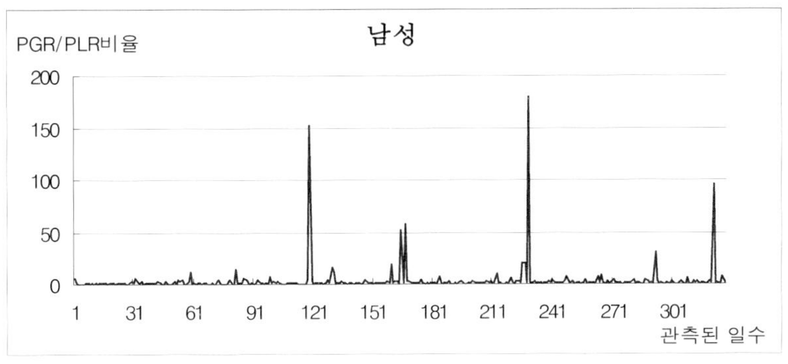

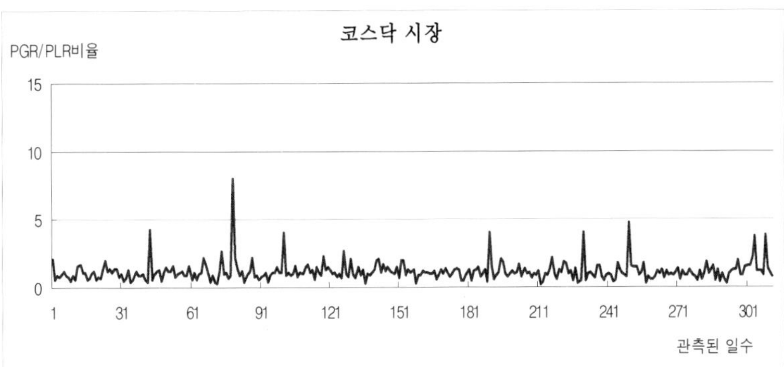

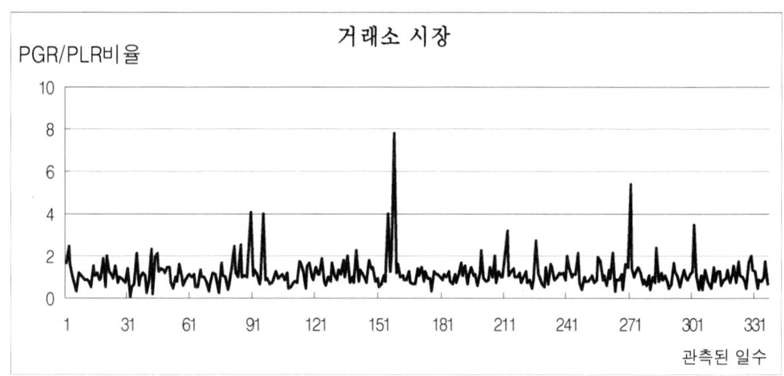

거래소 시장
PGR/PLR비율
관측된 일수

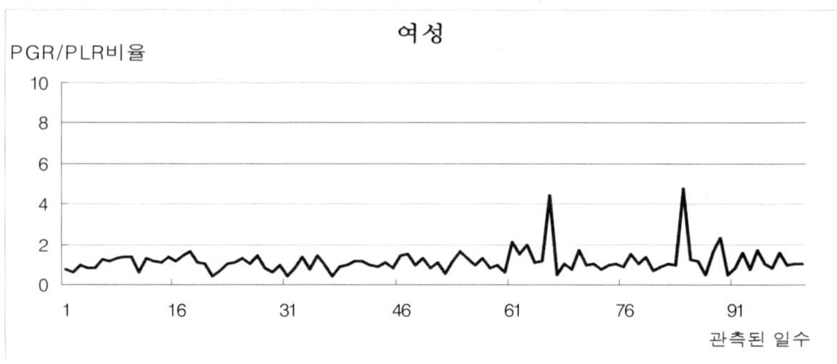

여성
PGR/PLR비율
관측된 일수

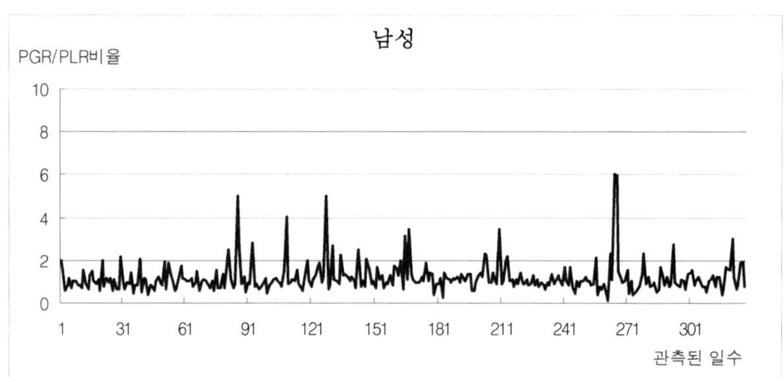

남성
PGR/PLR비율
관측된 일수

비관리자별 기간 PGR/PLR

1. 금액기준

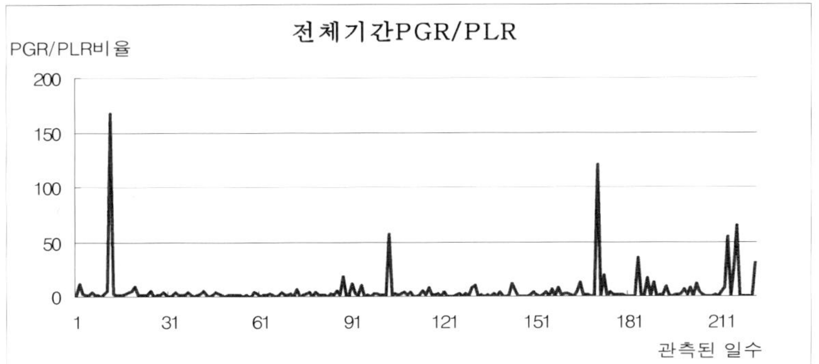

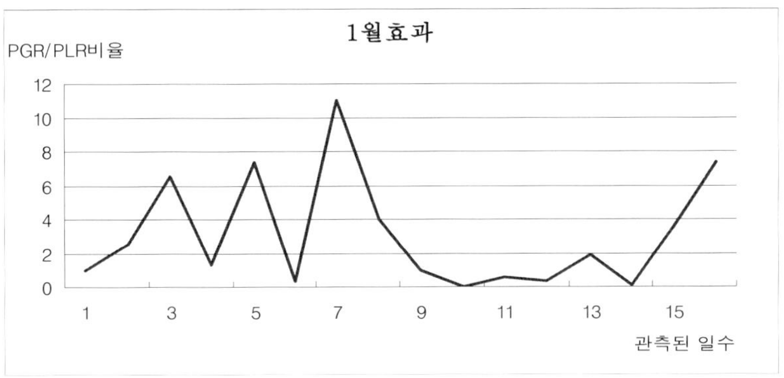

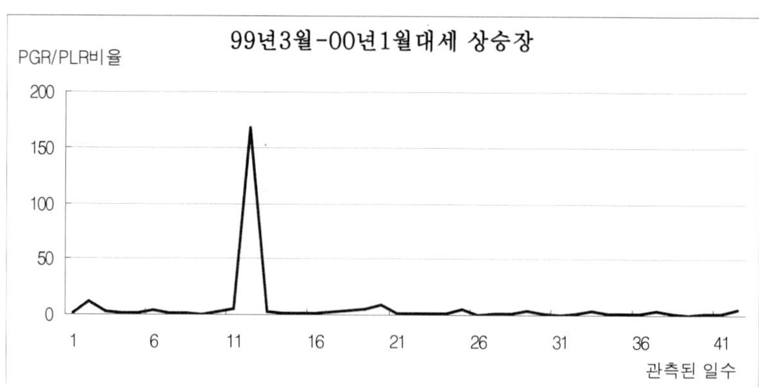

PGR/PLR비율
99년3월-00년1월대세 상승장
200
150
100
50
0
1 6 11 16 21 26 31 36 41
관측된 일수

00년2월-01년1월 대세하락장
PGR/PLR비율
10
8
6
4
2
0
1 6 11 16 21 26 31 36 41
관측된 일수

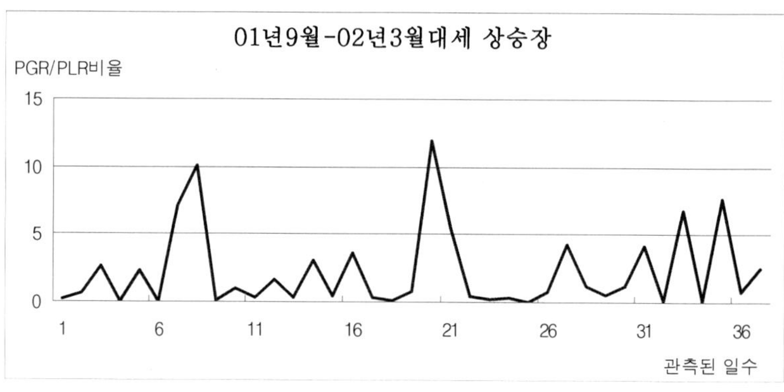

01년9월-02년3월대세 상승장
PGR/PLR비율
15
10
5
0
1 6 11 16 21 26 31 36
관측된 일수

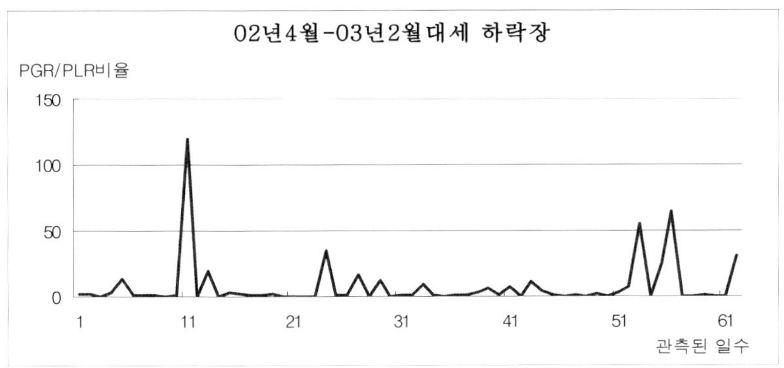

02년4월-03년2월 대세 하락장
PGR/PLR비율
150
100
50
0
1
11
21
31
41
51
61
관측된 일수

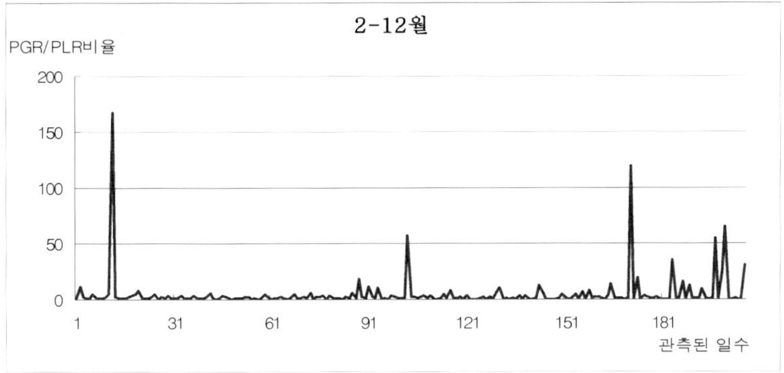

2-12월
PGR/PLR비율
200
150
100
50
0
1
31
61
91
121
151
181
관측된 일수

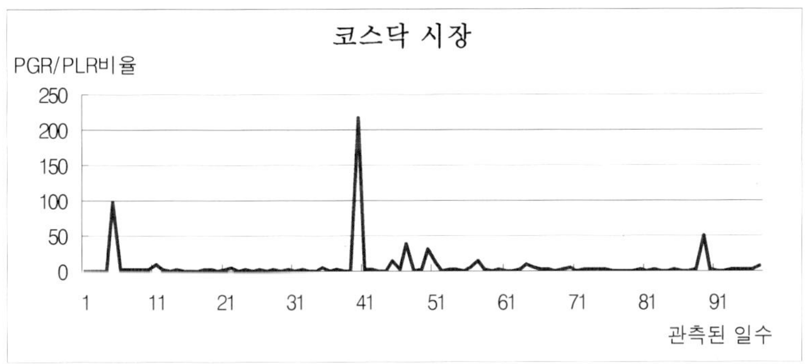

코스닥 시장
PGR/PLR비율
250
200
150
100
50
0
1
11
21
31
41
51
61
71
81
91
관측된 일수

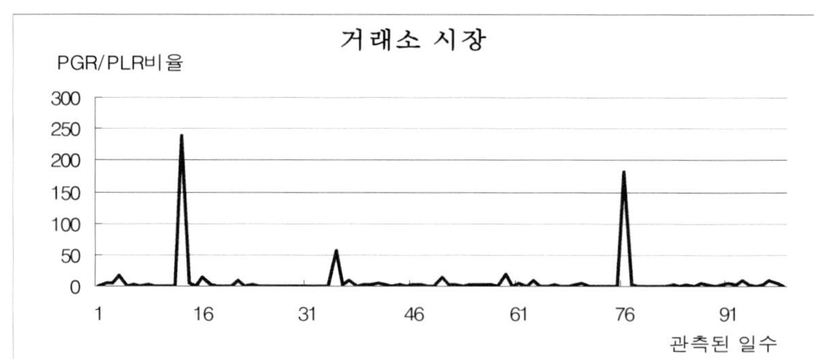

거래소 시장
PGR/PLR비율
300
250
200
150
100
50
0
1
16
31
46
61
76
91
관측된 일수

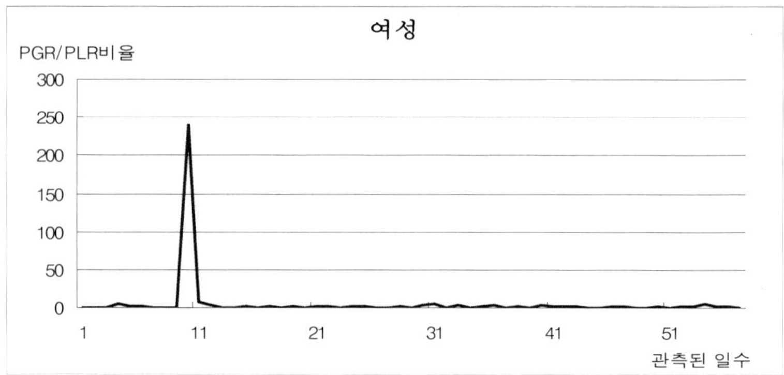

여성
PGR/PLR비율
300
250
200
150
100
50
0
1
11
21
31
41
51
관측된 일수

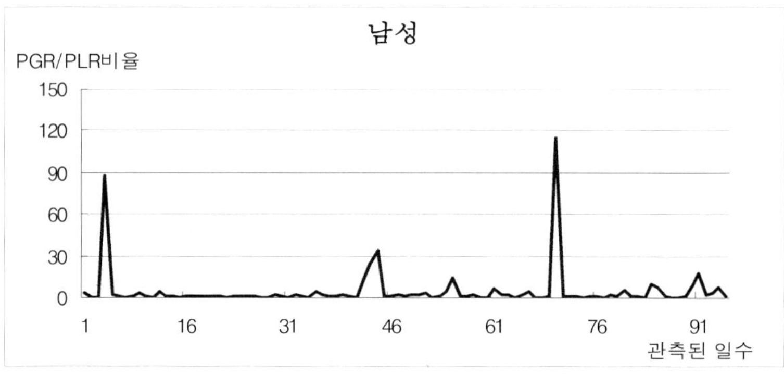

남성
PGR/PLR비율
150
120
90
60
30
0
1
16
31
46
61
76
91
관측된 일수

2. 빈도기준

코스닥 시장
PGR/PLR비율
관측된 일수

거래소 시장
PGR/PLR비율
관측된 일수

여성
PGR/PLR비율
관측된 일수

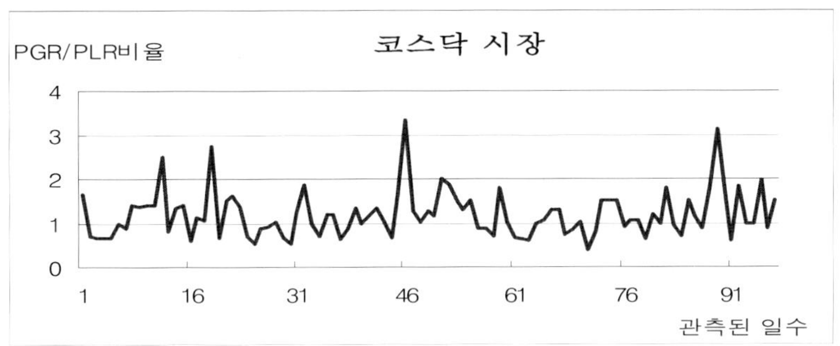

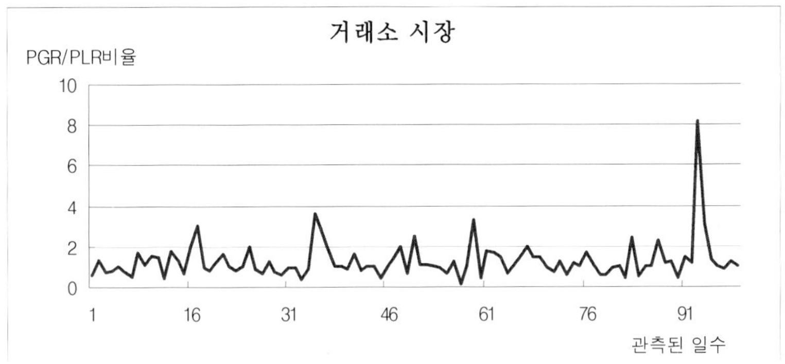

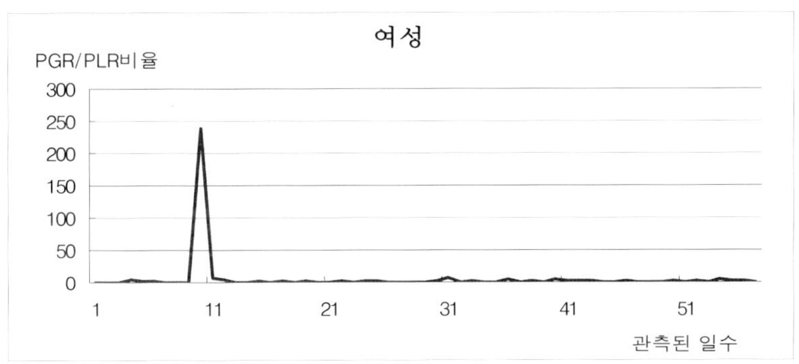

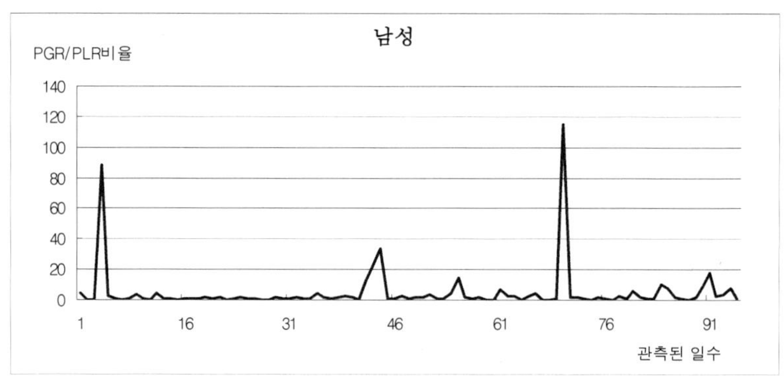

관리자별 PGPA/PLPA

1. 빈도기준

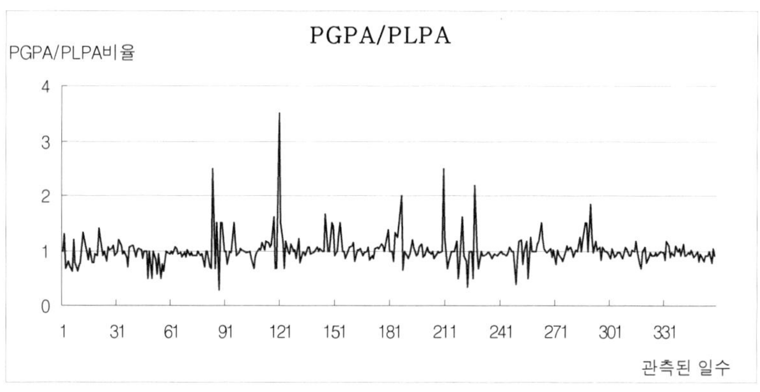

2. 금액기준

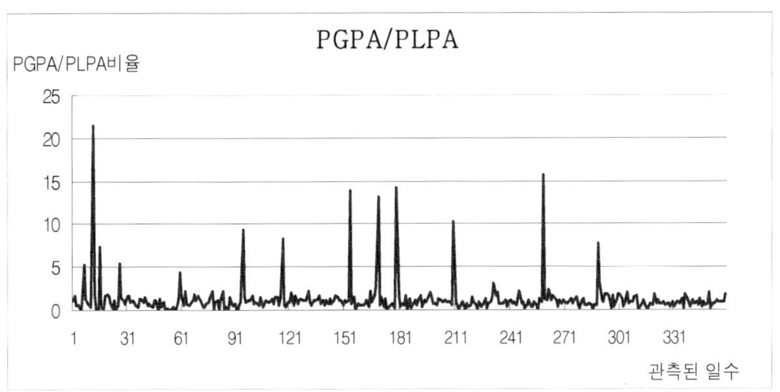

비관리자별 PGPA/PLPA

1. 빈도기준

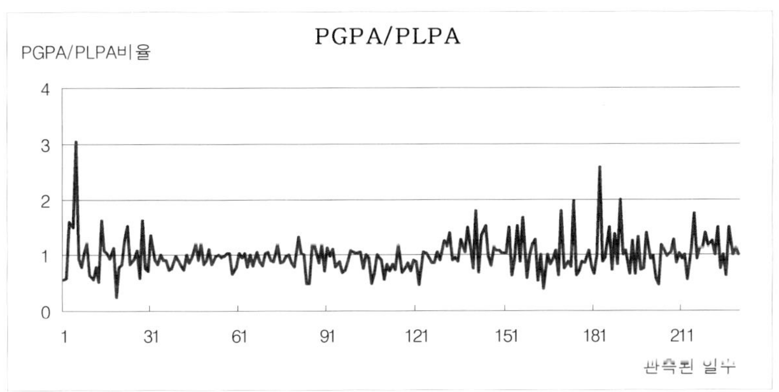

2. 금액기준

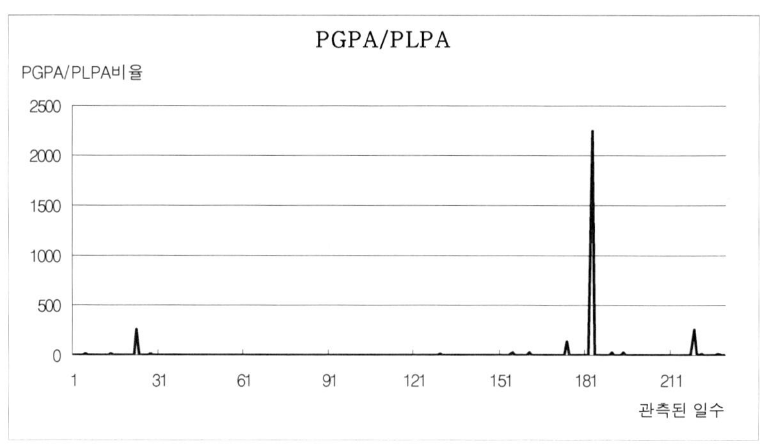

매수시장조정수익률(4개월 - 88일)

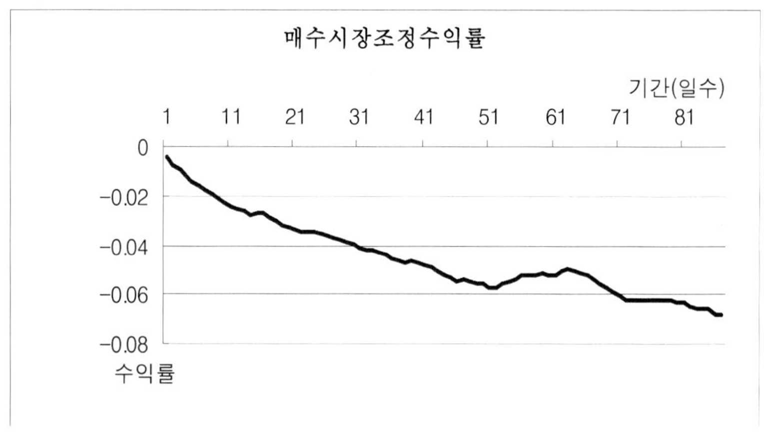

매수시장조정수익률(1년 – 256일)

매도시장조정수익률(4개월 – 88일)

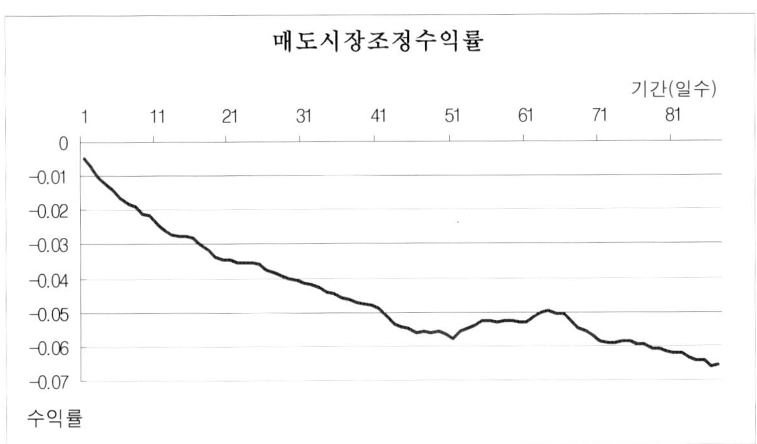

매도시장조정수익률(1년 - 256일)

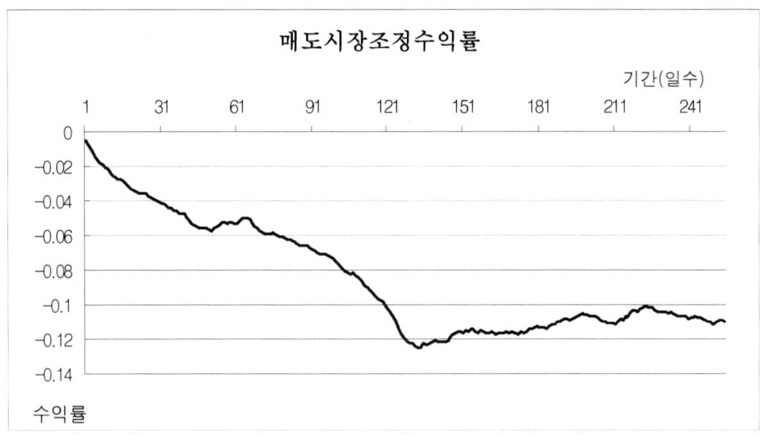

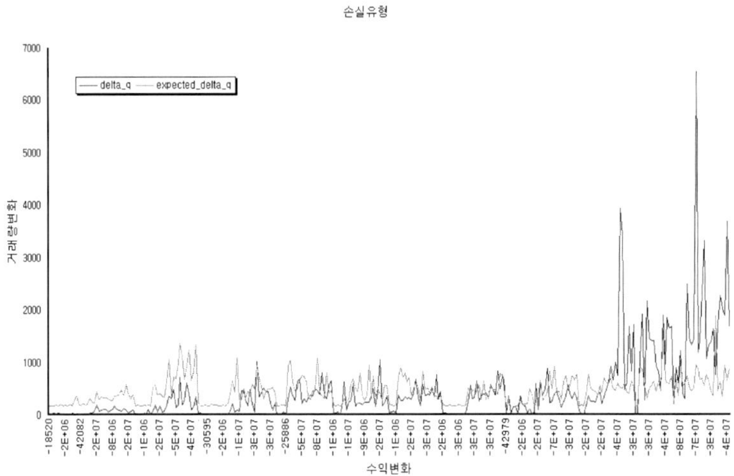

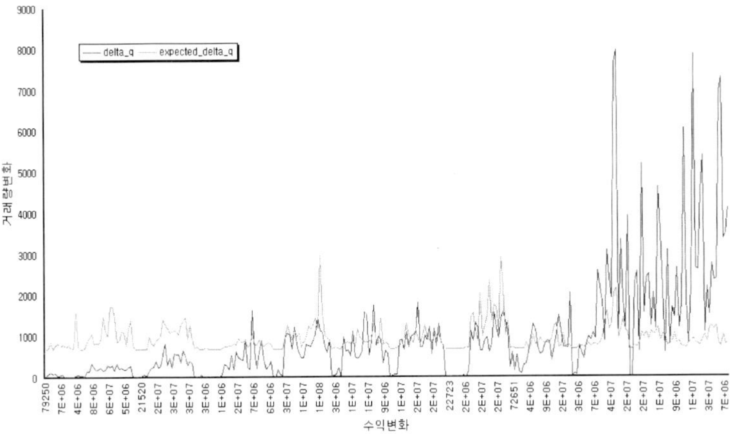

이익유형
delta_q
expected_delta_q
거래량변화
수익변화
9000
8000
7000
6000
5000
4000
3000
2000
1000
0

• 편저자 •

정성훈
(鄭聖勳)

• 약 력 •

성균관대학교 경상대학 경영학과 졸업
서강대학교 경영학과 재무관리 박사

전) 한국투자증권, 대신증권 근무
　　숙명여자대학교, 한양대학교 대학원, 경기대학교 대학원,
　　서강대학교, 숭실대학교 등 시간강사
　　서강대학교 경영학과 대우교수
　　아주대학교 경영학과 재무관리 겸임교수
　　주택산업연구원 연구위원

현) RTN 부동산TV 방송위원 및 앵커
　　자스경제연구원 원장
　　자스파트너스 사외이사

• 주요 논문 •

「대세상승장에서 개인투자자의 대체주 전환의도 결정요인」
「중소기업과 대기업간의 기업규모별 주가과잉반응현상에 관한 연구」
「투자들의 인지적 편의에 관한 소고」
「행동재무론에서 개인투자자들의 처분효과에 관한 연구」
「대기업 및 중소기업별 주가수익률의 계절적 이례현상 비교연구」
「전망이론 검증을 통한 주식투자자들의 심리적 행태에 대한 소고」
「주가전환에 대한 기대심리현상과 투자성과」
「개인투자자들의 거래빈도는 투자손실을 증가시키는가?」
「코스닥시장에서 인수합병에 따른 성과와 소유구조」
「한국주식시장에서 개인투자자의 학습효과: 사이버/비사이버 계좌별 분석」
　외 다수

• 주요 저서 •

『인지행위적 재무론』(2006)
『증권투자자들의 투자심리행태』(2006)
『금융투자와 심리』(2006)
『투자자가 주의해야할 20가지 편견』(2007)
『Valuation of food service related company by using ROV and DCF model』(2008)
『당신은 현명한 투자자인가?』(2008)
『채권투자분석』(2009)
『Valuation of hotel』(2009)

자본시장에서의 ^{개정판}
행동재무론

초판인쇄 | 2010년 6월 28일
초판발행 | 2010년 6월 28일

편 저 자 | 정성훈
펴 낸 이 | 채종준
펴 낸 곳 | 한국학술정보㈜
주   소 | 경기도 파주시 교하읍 문발리 파주출판문화정보산업단지 513-5
전   화 | 031) 908-3181(대표)
팩   스 | 031) 908-3189
홈페이지 | http://ebook.kstudy.com
E-mail | 출판사업부 publish@kstudy.com
등   록 | 제일산-115호(2000. 6. 19)

ISBN   978-89-268-1122-1 03320 (Paper Book)
        978-89-268-1123-8 08320 (e-Book)

이담 Books 는 한국학술정보(주)의 지식실용서 브랜드입니다.